Über das Buch:

»Ich will Spaß«, ruft die Nation, Nena singt von bunten Luftballons, und Heerscharen von Mädchen erfinden als Mini-Madonnas ihr Selbstbewußtsein. Der Yuppie betritt die Szene, Konsum ist nicht mehr anrüchig, Geld haben in. Ein Duft von Poison liegt in der Luft. *Cure* und Prince, Madonna und die Neue Deutsche Welle, Walkman und Zauberwürfel, erste PCs vertreiben den Schlaf, nebenbei schallt die bunte MTV-Welt. Man lernt, einfach Spaß haben zu dürfen. Aber die Achtziger sind auch das Jahrzehnt der Trauerspiele: Nachrüstung, Tschernobyl, Aids zeigen den meisten jungen Menschen sonnenklar, daß dieses Jahrzehnt das letzte der Geschichte sein wird. Alle – in Ost wie West – haben irgendwie Angst und kuscheln sich im Schoß ihrer selbstgewählten »Familie« in die Endzeit. Grufties, Teds, Müslis, Mods, Punks, Popper – jeder ist etwas, voller Überzeugung und kompromißlos. Die Kennung läuft vor allem über Musik, Frisur und Klamotten.
Die Redakteure des Jugendsenders FRITZ, allesamt Kinder der Achtziger, sowie Campino, Oliver Kalkofe, Kai Havaii, André Herzberg und *Die Ärzte* huldigen ihrem Jahrzehnt …

Die Herausgeber:

Frauke Langguth und Jan Weyrauch sind Redakteure bei Radio FRITZ.

iRGENDWiE iRGENDWO iRGENDWANN

Ein FRiTZ-Buch, herausgegeben von
Frauke Langguth und Jan Weyrauch

ULLSTEiN

INHALT

TECHNIK

MODE & GESCHMACK

MEDiEN & KOMMUNiKATiON

SPORT & SPiEL

CHRONiK

iRGENDWiE iRGENDWO iRGENDWANN
Die Achtziger

■ Von Frauke Langguth und Jan Weyrauch

irgendwie ist das alles gar nicht so einfach. Wie soll man zehn lange Jahre in ein kurzes Buch packen? Was war das für ein Jahrzehnt? Als erstes fallen einem Klischees ein: Karottenhosen und Schulterpolster, Fönfrisuren und schlechter Geschmack. Aber die Achtziger waren auch Tschernobyl und Glasnost, Atari und Aids, Neue Deutsche Welle und neue amerikanische Serien wie *Denver* und *Dallas.*

Es ist doch merkwürdig: Denkt man an die Achtziger, so schwirren einem Bilder durch den Kopf, die nicht zusammenzupassen scheinen. Letztendlich sind sie ein Mosaik aus lauter Gegensätzen. Punks und Popper, ökologisches Bewußtsein und »No Future«, Ost und West, Kalter Krieg und Maueröffnung. Unser Buch hat einige dieser Mosaiksteine gesammelt und versucht, daraus ein Bild zusammenzusetzen, ohne Anspruch auf Vollständigkeit, Ausgewogenheit oder Objektivität. Denn es ist keine soziologische Studie, sondern ein Lesebuch.

Wer diese Jahre bewußt miterlebt hat, kann in Erinnerungen schwelgen, wer nicht, wird beim Lesen vermutlich den Kopf schütteln und ungläubig staunen. Ja, wir gestehen: Die Achtziger waren schlimm, aber nicht schlimm genug, um sie totzuschweigen. Dafür kann man zu gut über sie lachen.

irgendwo mußten wir anfangen – warum nicht bei uns selbst? Die Autoren verbindet, daß sie in jenem Jahrzehnt groß geworden sind, also auch maßgeblich von ihm geprägt wurden: entweder als Teens in Schule und Familie oder als 20somethings weg von zu Hause und voll rein ins Leben.

Mittlerweile liegt eine ganze Dekade zwischen dem Heute und dem Ausklang der Achtziger – zehn Jahre, die es den Autoren erlauben, sich relativ gefahrlos und mit ironischer Distanz wieder dem zu nähern, was sie »voll geil« fanden.

Das Buch basiert auf der Sendereihe *Hilfe, die Achtziger kommen* von FRITZ, dem Jugendsender des Ostdeutschen Rundfunks Brandenburg, der das Jahrzehnt in Ost und West mittels Interviews, Glossen, Beiträgen und mit viel Musik in all seinen

Facetten noch einmal aufleben ließ – äußerst erfolgreich, wie die Reaktionen der Hörer bewiesen.

irgendwann werden die Achtziger endgültig zu Grabe getragen werden. Noch aber ist es nicht soweit, im Gegenteil: In den Diskos laufen Achtziger-Jahre-Parties, Versatzstücke von Achtziger-Hits landen als Samples von HipHop-, House- und Technotracks wieder in den Charts, und selbst die Modewelt schreckt nicht davor zurück, Achtziger-Jahre-Scheußlichkeiten neu zu verwursten.

Solange Achtziger-Jahre-Wesen wie *Modern Talking* noch, oder besser wieder, ungestraft ihr Unwesen treiben dürfen und die Yuccapalme noch nicht aus deutschen Wohnzimmern verbannt worden ist, müssen wir konstatieren: Die achtziger Jahre leben. Also feiern wir sie, bevor es zu spät ist.

Frauke Langguth, in den Neunzigern Redakteurin bei Radio 4U und FRITZ. Verbrachte die Achtziger zwischen St. Louis, Missouri, Moskau und Aachen, um sich dann doch für die Mauerstadt zu entscheiden. Fand im Biotop Uni ein warmes Plätzchen und machte sich studierend, diskutierend und demonstrierend auf die Suche nach dem Sinn des Lebens und einer Wohnung in Kreuzberg. Als sie es endlich nach SO 36 geschafft hatte, waren die Achtziger auch schon fast vorbei. Lag im Bett, als die Mauer fiel, und ärgert sich noch heute darüber.

Jan Weyrauch, Jahrgang 1968, Moderator und Redakteur bei FRITZ. War in den Achtzigern fest davon überzeugt, daß es reicht, sich auf dem Flohmarkt einen Hut zu kaufen und die Augen zu schminken wie Boy George, um Popstar werden zu können. Muß wohl der falsche Kajalstift gewesen sein, jedenfalls ging er in den Neunzigern dann doch zur Uni, schrieb ein Buch (*Boygroups – das Teenie-FANomen der Neunziger*, Extent-Verlag) und machte seinen Abschluß in Theaterwissenschaften und Publizistik.

Alle Autorenfotos stammen, wie unschwer zu erkennen, aus den Achtzigern …

ALLTAG

GESCHICHTE WIRD GEMACHT

Ein neuer Kanzler, ein neues Deutschland

■ Von Holger Stark

Dr. Helmut Kohl hat lange auf diesen Tag gewartet, auf jenen 1. Oktober 1982, einen Freitag. Herbstliches Wochenendwetter. Endzeitstimmung. Dr. Kohl tritt ans Rednerpult und sagt mit Schwung in der Stimme von oben herab: »Die schwierigen ökonomischen Probleme unserer Zeit können wir nur lösen, wenn wir die geistig-moralische Herausforderung begreifen.« 256 Abgeordnete des Deutschen Bundestags begreifen zumindest Helmut Kohls Rede. Eine Antrittsrede. 256 Stimmen für ein konstruktives Mißtrauensvotum, das ist das Ende von Helmut Schmidt als Bundeskanzler, der mit einem Kloß im Hals vorausschauend sprach: »Meine Freunde und ich, wir sind uns bewußt, daß sich die Sozialdemokratie gegenwärtig in einem handfesten politischen Tief befindet.« Eine Abtrittsrede, so herb wie Flensburger Bier. Das politische Ende des Hanseaten Schmidt und der Anfang des Pfälzers Kohl.

In den Schulen der Republik laufen selbst 15jährige Anhänger der Jungen Union staatstragend mit Schlips um den Hals durch die Gänge, aufgekratzt und euphorisch, als hätten sie gerade ihre erste Ecstasy geschluckt. Prinz-Heinrich-Mützen der Marke Schmidt sind an diesem Tag mega-out. Selbst in Supermärkten werden die Reden aus dem Bundestag übertragen. Abends verkündet die *Tagesschau*: Deutschland hat einen neuen Bundeskanzler.

Die SPD wird sich von dieser Niederlage bis weit in die Neunziger nicht erholen. Der Oggersheimer Kohl hingegen gibt die Macht in diesem Jahrzehnt nicht mehr aus den Händen. Die achtziger Jahre – eingezwängt in zwei fundamentale Wenden: den Beginn von 16 Jahren Kohl-Ära im Oktober 1982, als die FDP ins Lager der CDU wechselt, und den Fall der Mauer im November 1989, als aus zwei Deutschländern über Nacht eines wird. Mag sein, daß dieses Jahrzehnt aus kultureller Sicht, in Fragen von Lifestyle oder Musik nichts Epochales zustande gebracht hat. Politisch war es ein Jahrzehnt des Umbruchs, eines, das gleichermaßen Bewegung in Bonn und Berlin wie auf den Straßen der Republik brachte.

Silvester 1979/80: Das neue Jahrzehnt wird von einer Welle von Hausbesetzungen überrascht, die die Republik überflutet. Diese Art Party hatte keiner erwartet. Im Schneeballprinzip verbreitet sich eine neue Wohnform von Flensburg bis Freiburg, die ebenso illegal wie aufregend ist: Junge Aktivisten mit buntgefärbten Haaren schnappen sich eine Plastiktüte voll Sachen, Schlafsack und Leiter und entern kurzerhand eines der Abbruchhäuser aus der Gründerzeit, die zu Tausenden leerstehen. Auf ihre Transparente malen die Besetzer einen eingekreisten, aufwärtsstrebenden Blitz, bei dem man heute eher an den Verlauf der Aktienkurse denken würde. Anfang der Achtziger aber wird das Zeichen zum Symbol der Besetzerbewegung, gesprüht auf Häuserwände, gedruckt auf Flugblätter und flatternd an Fassaden. Staat und Gesellschaft sind irritiert. Ende 1980 sind bundesweit bereits mehr als 100 Häuser besetzt, allein in Westberlin steigt ihre Zahl bis Mitte 1981 auf 167, in denen 1500 bis 2000 Leute wohnen, mehr als in manchem westdeutschen Dorf. Selbst vor friedlichen Kleinstädten wie Marburg oder Offenbach macht die Bewegung nicht halt.

Was wollen die Besetzer? Warum ziehen sie in miserabel hergerichtete Altbauten, in denen Ratten und Flöhe zur Wohngemeinschaft gehören? Während die alleingelassenen Familien nach Antworten suchen, schickt der Staat die Polizei. Anfang Juni 1980 räumen 1000 Polizisten und Sondereinsatzkommandos fünf besetzte Häuser am Dreisameck in Freiburg. Eine Woche lang herrscht im malerischen Breisgau faktisch der Ausnahmezustand. In Westberlin löst im Mai 1981 Richard von Weizsäcker (CDU) den bisherigen Regierenden Bürgermeister Hans-Jochen Vogel (SPD) ab. Zum Innenminister ernennt er den CDU-Rechtsaußen Heinrich Lummer. Der verspricht markig, mit dem Besetzer-Problem aufzuräumen und den Rechtsstaat wieder herzustellen.

»Lummerland« wird Berlin fortan ironisch genannt. Am 22. September 1981 läßt der Innensenator zeitgleich acht Häuser am Winterfeldtplatz räumen. Wie ein Feldherr stolziert er persönlich über den Platz und inspiziert den Erfolg des Einsatzes. Als die geräumten Besetzer und Sympathisanten den Politiker sehen, kochen die Emotionen über. Eine Straßenschlacht entwickelt sich, Polizisten und Demonstranten jagen sich wechselseitig durch die zum Teil dichtbefahrenen Straßen.

Die Jagd endet tödlich: Ein Bus der Verkehrsbetriebe BVG überfährt den Demonstranten Jürgen Rattay. Rattay wird zum Symbol für die Eskalation der Gewalt,

für einen sozialen Konflikt, der zu einer fast militärischen Auseinandersetzung zu werden droht. Betroffen sezieren die Intellektuellen in Talkshows, Zeitungsartikeln und Büchern die Besetzer und ihre Motive, als handele es sich um eine seltsame, neu entdeckte Spezies mit sonderbaren Zielen: dem Wunsch, frei und gemeinschaftlich zu leben; dem Protest gegen Immobilienspekulation und eine verfehlte Wohnungspolitik; der gezielten Provokation des Staates und der Elterngeneration.

Aus der Besetzerbewegung entwickeln sich die Autonomen, eine Art Robin-Hood-Vereinigung für Bürgerkinder, die Mitte der achtziger Jahre ihre Hochzeit haben. Straßenschlachten wie am 1. Mai 1987 in Berlin-Kreuzberg, die tödlichen Schüsse auf Polizisten an der Startbahn West in Frankfurt am Main oder die Auseinandersetzungen um die besetzten Häuser in der Hamburger Hafenstraße werden zum Symbol für den Protest gegen »das System« und halten die Gesellschaft in Atem. Erst Anfang der Neunziger wird es stiller um die Autonomen.

Noch eine zweite Protestgeneration wächst heran, die 1983 auf ihrem Zenit Hunderttausende zur großen Demonstration nach Bonn mobilisieren wird: die Friedensbewegung. Ihr Markenzeichen ist die weiße Taube auf blauem Grund, »Give Peace a Chance«. Pünktlich zu Beginn des neuen Jahrzehnts hatte die NATO in Brüssel ihren nahezu legendären »Doppelbeschluß« gefaßt. Mit der Stationierung von 464 bodengestützten Marschflugkörpern und 108 Abschußvorrichtungen für Pershing-2-Raketen in verschiedenen europäischen Ländern soll gegen den Warschauer Pakt und dessen SS 20 »nachgerüstet« werden. Die Bundesrepublik ist als einer der zentralen Stützpunkte der tödlichen Raketen vorgesehen.

Die Bekanntgabe des Entschlusses löst einen Sturm der Entrüstung aus. Petitionen werden verfaßt, hunderttausende Unterschriften gesammelt, Aufrufe verbreitet. Nachrüstung, ja oder nein – diese Frage spaltet die westdeutsche Republik. Selbst jenseits der Mauer existiert eine Friedensbewegung, wenn auch unter anderen Vorzeichen. Verzweifelt versuchen Rektoren, ihre Schüler zu disziplinieren. Reihenweise werden Klassen bei den zentralen bundesweiten Aktionstagen eingeschlossen, um die Schüler vom Demonstrieren abzuhalten. Aus dem Fenster klettern und über den Hof flüchten gilt unter Aktivisten als wichtiger Beitrag gegen den Krieg. Wer die Nachrüstung befürwortet, wird von Pershing-Gegnern als reaktionärer Hardliner beschimpft, wer gegen Aufrüstung demonstriert, als Staatsfeind und »fünfte Kolonne Moskaus« denunziert.

Im Herbst 1983 wird der populäre Fernsehmoderator Franz Alt wegen seines Engagements für die Friedensbewegung vom Südwestfunk »von seinen Aufgaben entbunden«. In einer Bundestagsdebatte im Juni 1983 behauptet der CDU-Politiker Heiner Geißler, der Pazifismus der dreißiger Jahre habe »Auschwitz erst möglich gemacht«. Das Für und Wider der Nachrüstung wird noch leidenschaftlicher debattiert als die Frage »pro oder contra Bayern München« – und das heißt im Westdeutschland der Achtziger einiges. Die technischen Daten von Pershing 2 und SS 20 werden zwischenzeitlich zum Allgemeingut, so, als vergleiche man die Butterpreise von Aldi und Kaiser's.

Auch in der DDR tritt die Bürgerbewegung, die noch aus den Siebzigern mit Namen wie Biermann, Bahro oder Havemann verbunden wird, für Abrüstung ein. Während im Dezember 1981 Helmut Schmidt und Erich Honecker offiziell deutsch-deutsche Gespräche führen, treffen sich am Werbellinsee 90 Schriftsteller und Wissenschaftler aus Ost und West zum Debattieren. Die Essenz faßt Stefan Heym zusammen: Es gibt keinen gerechten Krieg, »die SS 20 ist genauso ungerecht wie die Pershing 2«.

Die gesellschaftlichen Proteste wirken sich auch im Alltag aus. Vor allem die Mitglieder der Jungen Union haben es nach dem Zwischenhoch durch die CDU-Regierungsübernahme schwer. Statt Aktenkoffern sind Rucksäcke in, statt ordentlich geputzter Lederschuhe wahlweise schwere Stiefel der englischen Marke DocMartens oder ökologisch korrekte Sandalen, die der Firma Birkenstock eine unerwartete Renaissance bescheren. Den Hals zieren im Sommer gebatikte Seiden-, im Herbst und Winter schwarz-weiße Palästinensertücher, im Pausenhofjargon liebevoll »Palli-Tuch« genannt. Wer dem Kampf für die gute Sache größeren Nachdruck verleihen möchte, trägt statt Jeans und Parka Lederhose und Motorradjacke. Besonders populär sind Aufkleber auf der Schultasche: die Friedenstaube oder eine rote Sonne auf gelbem Kreis mit der Aufschrift »Atomkraft? Nein Danke«.

Das richtige Outfit ist eine Art Mitgliedsausweis der Protestbewegung. Es unterstreicht nicht nur das Recht der Palästinenser auf einen eigenen Staat und die Ablehnung von Nachrüstung und Atomkraft, sein Inhaber ist außerdem voll im Trend, hip und auf jeder Fete eines kostenlosen Zugs am nächsten Joint gewiß. Wer sich dagegen zur Jungen Union bekennt, will entweder Rechtsanwalt, Politiker oder beides werden.

Mit den Hausbesetzern, der Friedensbewegung und den späteren Anti-Atomkraft-Protesten – in Wackersdorf und Brokdorf – dominieren außerparlamentarische linke Ideen bis spät in die achtziger Jahre die Republik. In Bonn aber verspricht Bundeskanzler Kohl die konservative »geistig-moralische Wende«.

Im März 1983 verpaßt die CDU/CSU mit 48,8 Prozent der Stimmen nur knapp die absolute Mehrheit, auch die Wahlen 1987 gewinnt die Union. Eine merkwürdige Konstellation: Die bürgerliche Mehrheit wählt christlich-konservativ, aber die Linke bleibt tonangebend außerhalb der Parlamente. Und sie erhält mit den Grünen, die 1983 mit 5,6 Prozent in den Bundestag einziehen, erstmals einen parlamentarischen Arm – ein Novum in der westdeutschen Nachkriegsgeschichte. Die endgültige Etablierung gelingt, als mit Joseph »Joschka« Fischer in Hessen das erstemal ein Grüner Minister wird, in Turnschuhen und gezeichnet von seiner Sponti-Vergangenheit. Auch das wird in den Neunzigern anders sein: Da trägt der neue Außenminister Fischer Anzüge von Armani, und fundamental sind nur noch seine Gesichtsfalten. Der Widerspruch zwischen der konservativen Mehrheit im Parlament und den Protesten von links auf der Straße wird sich erst in der zweiten Hälfte der Achtziger abschwächen, als eine Reihe von politischen Skandalen Schlagzeilen machen, allen voran die Barschel-Affäre.

Der Fall des Uwe Barschel hatte für

die Politik in der Bundesrepublik in den achtziger Jahren ungefähr die gleichen Auswirkungen wie der Untergang der *Titanic* auf die Schiffahrt Anfang des Jahrhunderts. Er erschütterte den Glauben an das Funktionieren eines Prinzips – in diesem Fall der Demokratie – fundamental, mehr als jede staatsfeindliche Demonstration oder jeder Korruptionsskandal, von denen es etliche gab. Und wie bei jedem guten Drama kursieren noch mehr als zehn Jahre später Legenden und Mythen, die letztlich wohl nie ausgeräumt werden: War es Selbstmord? War es Mord? Der Fall Barschel ist die Krönung der Skandalgeschichte der Republik, eine Story, die den Plot eines billigen Hollywood-B-Movies locker unterbietet, mit Sex and Crime, Lügen und schließlich einem Selbstmord in der Badewanne.

Was war passiert? Die Kürzestform geht etwa so: Der CDU-Ministerpräsident in Schleswig-Holstein, Uwe Barschel, heuert einen Mitarbeiter an, der den populären SPD-Oppositionsführer Björn Engholm im Wahlkampf desavouieren soll. Der Mann fürs Grobe heißt Reiner Pfeiffer; er setzt Detektive auf Engholm an, versucht Engholm als Landesverräter zu brandmarken und läßt das Gerücht streuen, der Sozialdemokrat sei bisexuell. Als falscher Arzt ruft Pfeiffer gar Engholm persönlich an und versucht ihn zu schockieren, er habe möglicherweise Aids. Doch alle Versuche, Engholm in Mißkredit zu bringen, scheitern, Pfeiffer verliert bei der CDU des Uwe Barschel an Vertrauen. Nach einer Weile wendet er sich an die SPD, später an den *Spiegel*, und erzählt seine Geschichte. Am Wahlwochenende im Herbst 1987 deckt das Nachrichtenmagazin die Story auf.

Barschel dementiert und gibt auf einer Pressekonferenz sein legendäres »Ehrenwort«, daß die Geschichte so nicht stimme – und lügt damit. Engholm gewinnt die Wahl. Kurz darauf liegt Barschel im Genfer Hotel *Beau Rivage* tot in seiner Badewanne. Die Ermittlungen kommen zu dem Schluß: Selbstmord. Barschels Familie bezweifelt das bis heute. Die Folgen sind ein politisches Erdbeben. In Sherlock-Holmes-Manier rekonstruiert ein Untersuchungsausschuß die Story zumindest in Teilen. Dutzendweise treten Politiker ab, und letztlich legt auch Björn Engholm wegen einer Falschaussage in der Barschel-Affäre sein Amt nieder – das allerdings erst 1993, in einer Bundesrepublik mit einem gänzlich veränderten Koordinatensystem.

In Westdeutschland ist die Barschel-Affäre noch nicht verdaut, da taut in der Sowjetunion und in der DDR das Eis. Die von Michail Gorbatschow eingeleitete Perestroika ist nicht mehr aufzuhalten. Bei der Gedenkdemonstration für Liebknecht und Luxemburg am 17. Januar 1988 demonstrieren Mitglieder der »Kirche von unten« sowie Umwelt- und Friedensgruppen mit Transparenten für mehr Demokratie. 120 Protestler werden festgenommen, unter ihnen der Liedermacher Stephan Krawzczyk und Vera Wollenberger. Eine Reihe von Bürgerrechtlern wird kurz darauf in den Westen »ausgereist«.

Ein Jahr später gleichen sich die Bilder. Im Januar 1989 verbreitet die Bürgerrechtsbewegung der DDR einen Aufruf für »die Demokratisierung unseres sozialistischen Staates«. Unterzeichnet ist der Text mit »Initiative zur Demokratischen Erneuerung unserer Gesellschaft«. Mehr als 800 Demonstranten folgen dem Aufruf und versammeln sich Mitte Januar 1989 in Leipzig für Meinungsfreiheit. Die Staatssicherheit dokumentiert auf praktische Weise, warum: sie nimmt 190 Demoteilnehmer fest. Mitte Juli 1989 meldet *Bild am Sonntag*, 30 DDR-Bürger hätten sich in die westdeutsche Botschaft in Ungarn geflüchtet.

Eine Welle von Botschaftsflüchtlingen schwemmt die DDR weg – the final countdown. In Ostberlin wird die Ständige Vertretung der Bundesrepublik von 130 verzweifelten Ausreisewilligen heimgesucht, auch Prag und später Warschau werden zu Anlaufstationen. Mitte August findet sich vor und in der westdeutschen Botschaft in Budapest eine Gruppe von 800 ausreisewilligen DDR-Bürgern ein. Aus den Einzelfällen wird in wenigen Wochen eine breite Bewegung. Ende August betreuen Rotes Kreuz und Malteser-Hilfsdienst fast 2000 Flüchtlinge in Auffanglagern in Ungarn. Von Anfang bis Ende September reisen mehr als 20 000 Menschen via Ungarn in die Bundesrepublik.

Live übertragen die Fernsehstationen die Bilder von jubelnden Menschen, als am Wochenende des 1. Oktober rund 7000 DDRler aus Prag und Warschau ausreisen dürfen. Außenminister Hans-Dietrich Genscher, der die Ausreise ausgehandelt hat, spricht von den »bewegendsten Stunden« seiner Laufbahn. Kaum ist ein Ausreisekompromiß vereinbart, sind die Botschaften auch schon wieder überfüllt, immerhin gibt es Freiheit umsonst. Auch innenpolitisch spitzt sich die Lage zu. In Leipzig beginnen die berühmten Montagsdemonstrationen, deren Teilnehmerzahl Mitte Oktober auf rund 100 000 angewachsen ist. Parole: »Wir sind das Volk!«

Der Staatsapparat hat, so scheint es, an Bannkraft verloren. Täglich werden Meldungen über Ereignisse verbreitet, die noch ein Jahr zuvor absolut unmöglich erschienen. Sogar Erich Honecker wird zurückgetreten, Egon Krenz löst ihn an der Spitze der DDR und der SED ab. Es wird eine kurze Amtszeit, die DDR ist am Ende: Die da oben können nicht mehr, die da unten wollen nicht mehr. Am 9. November wird die Mauer geöffnet.

Der Regierungswechsel 1982 war ein innenpolitisch bedeutsames Ereignis, der Systemwechsel 1989 ein weltweit einzigartiges. Die Achtziger leiden ein wenig darunter, daß der Fall der Mauer und der Untergang eines Systems alles überstrahlt – und sie vor ihrem eigentlichen Ende aufhören. Mental wird die Wende durch die Neunziger überlagert, durch die Erfahrung der Einheit dominiert. Dabei wäre der Herbst 1989 nie möglich gewesen ohne die Ereignisse der Jahre vorher. Was auch immer man dem Jahrzehnt vorwerfen mag, politisch war es wahrlich spektakulär. Uwe Barschel hätte gesagt: »Ehrenwort!«

Holger Stark machte in den Achtzigern Benetton reich und den seriösen V-Strickpullover populärer, ehe ihm 1985 eine Platte von *The Cure* in die Hände fiel – mit gravierenden Auswirkungen. New-Wave-Bands verdrängten *Extrabreit* aus dem Plattenregal, und einer zweijährigen Zeit des Toupierens nach Vorbild von Robert Smith folgte das Färben der Haare in recht farbenfrohen Tönen.

Eine rockernde Gruppe von Nazi-Skinheads im friedlichen Berliner Bezirk Charlottenburg prägte sein politisches Interesse, er wurde Schülersprecher. Nach dem Abitur 1989 begann er die Ausbildung an der Deutschen Journalistenschule in München, wechselte 1991 als Redakteur zur *Berliner Zeitung* und 1993 zu FRITZ. 1997 erschienen sein Buch *RechtsSchreiber. Wie ein Netzwerk in Medien und Politik an der Restauration des Nationalen arbeitet* (Elefanten Press) und 1998 mehrere Porträts von ihm in dem Buch *Die Drahtzieher. Wer hat die Macht in Berlin?* (Jaron Verlag). Ende 1998 beendete Holger Stark sein Studium als Diplom-Politologe.

DiE FERNE iST, WO iCH NiCHT BiN

Das normale Leben in der DDR

■ **Von Jürgen König**

Gab es ihn gar nicht, den normalen, durchschnittlichen Bürger in der DDR der achtziger Jahre? Durch die Nachwendebrille betrachtet, waren ja plötzlich alle irgendwie in Partei- oder Stasi-Aktivitäten verwickelt. Oder im »Widerstand« oder wenigstens in der »inneren Emigration«, sagen heute Leute, denen gestern die Parteiparolen besonders leicht über die Lippen kamen. Doch 17 Millionen Spitzel, Bonzen oder Widerstandskämpfer erscheinen doch eher unwahrscheinlich. Und so gab es den »Durchschnittsbürger« sehr wohl, und zwar in einem Prozentsatz, der die Marke von 70 spielend erreichte.

Der DDR-Normalo ging einer geregelten Arbeit nach, versuchte sich in der kleinsten Keimzelle der Gesellschaft, der Ehe und der daraus resultierenden Familie, und hatte das ein oder andere Kind. Die Ehe praktizierte er mit mehr oder weniger Erfolg, eine Scheidung konnte sich selbst ein Student leisten, waren doch die 120 Mark Gerichtskosten durch kurzzeitiges Herunterfahren der Kneipenaktivitäten relativ problemlos zu kompensieren.

Die Ehe hatte in der DDR eine andere Funktion als im heutigen Deutschland. Sie diente weniger der scheinbaren sozialen Sicherstellung der Frau – denn die konnte sich durch Arbeit auch selbst ernähren –, sondern vielmehr der Erlangung eines zinslosen Kredites über 5000 Mark, den man über Jahre in lächerlich kleinen Raten bei Vater Staat wieder abstotterte. Kamen dann noch Kinder ins Spiel, reduzierte sich die zurückzuzahlende Summe erheblich und man erhielt zusätzliches Geld. Das dritte Kind machte die Familie schuldenfrei. Überhaupt war Geld nicht wirklich ein Thema. Reich waren ein paar Bonzen und Handwerker, der Rest lebte zwar nicht in Saus und Braus, hatte aber auch nicht allzuviel Gelegenheit, sein Einkommen im Konsumrausch zu minimieren.

Für den DDR-Durchschnittsbürger spielte die Politik, insbesondere die Parteipolitik, eine eher untergeordnete Rolle. Stand ein Parteitag der SED an, so war das mit Sicherheit kein besonderes Ereignis. Die Beschlüsse und Reden las man sich be-

stenfalls in der *BZ am Abend* durch, im Volksmund das »Zentralorgan der U-Bahnfahrer« genannt. Dort waren die wichtigsten Aussagen der Redner, ob deren rhetorischer Fähigkeiten man sich allgemein totlachte, in knappen Punkten zusammengefaßt. Und die interessierten allemal nur deshalb, weil der ein oder andere »sozialpolitische« Beschluß das Leben noch ein wenig bequemer machte.

Schüler hatten sich um des lieben Friedens willen einen politischen Standardwortschatz zugelegt, der im Unterricht zur Anwendung gebracht wurde. Sagte man, was die Lehrer hören wollten, hatte man seine Ruhe. Ob man es ernst meinte, interessierte niemanden. Ebenso verfuhren die Lehrer mit ihren Vorgesetzten, die wiederum mit ihren, und so weiter und so fort.

Der Lebensinhalt des normalen DDR-Bürgers war das Jagen und Sammeln, das massenweise Besorgen und anschließende Verbringen von *Spee*, H-Milch, Gemüsekonserven und Apfelsinen aus der Hauptstadt der DDR in die provinziellen »Notstandsgebiete«. In dieser Beziehung unterschied sich das Tagwerk nicht wirklich von dem der Siebziger. Bekleidungstechnisch versuchte man sich dem anzupassen, was man an Informationen aus dem Westfernsehen erhaschen konnte. Also gab's im Osten auch die tolle Karottenhose und die Stone-Washed-Jeans. Letztere wurde zu Wendezeiten auch als »Personalausweis« des Ossis bezeichnet. Natürlich bekam man diese Devotionalien westlicher Dekadenz nicht im normalen Bekleidungsladen. Die Zauberwörter hießen *Exquisit* und *Intershop*. In der erstgenannten, um 1983 entstandenen Ladenkette konnte man zu völlig überhöhten Preisen das erwerben, was westdeutsche Handelsunternehmen an DDR-Exportprodukten nicht abnahmen. Stolz trug man also Klamotten, die bei C&A bestenfalls auf dem Wühltisch gelandet wären.

Im *Intershop* – schau an, so riecht also der Westen! – konnte man Markenware oder das, was man dafür hielt, für DM erwerben. Das, was Oma aus dem Westen an harter Währung mitbrachte oder Onkel und Tante aus Wedding oder Pinneberg bei einem ihrer gönnerhaften Ostbesuche daließen, durfte man bei der Staatsbank der

6
AUS
49
In der Spielwoche
in dieser Annahmestelle
Hauptgewinn
M

DDR in die bunten Spielgeldscheine, Forum-Schecks genannt, umtauschen. Und dann ging's ab in den *Shop*, um sich Fummel in bester Woolworth-Qualität als Statussymbol über den unförmigen Leib zwängen zu können.

Ach ja, nicht zu vergessen der Rubik-Zauberwürfel! Auch der mußte natürlich sein. Für Leute ohne Westverwandtschaft konnte das schon zum Problem werden: keine Westkohle, kein Würfel. Glücklicherweise war das gute Stück von einem ungarischen Mathematikprofessor erfunden worden und also ideologisch vertretbar, so daß die DDR-Bastlerzeitschrift *practic* eine Selbstbauanleitung aus Holz veröffentlichte. Man stelle sich vor: komplizierteste Mechanik, nur herstellbar mit Lochkreissägen, Spann- und Bohrvorrichtungen, exquisiter Heimwerkerausrüstung. Und genau die gab's im Heimwerkerladen made in GDR eben nicht. Aber da war ja noch der *Intershop* …

Böse Zungen behaupten ja, der vielgepriesene DDR-Kollektivgeist sei nur durch die Mangelwirtschaft zustande gekommen. In der Tat klingelte Frau Schulze bei Frau Meier, wenn es um die Ecke gerade Erdbeeren zu kaufen gab. Oma stellte sich an, um vormittags die Produkte einzukaufen, die Mutti und Vati nach der Arbeit niemals mehr bekommen hätten. Und so führte auch der Rentner ein erfülltes Leben, er wurde wirklich gebraucht.

Dem jungen Mitbürger waren all diese Dinge völlig egal. Er wollte, wie es sich gehört, seine Zerstreuung haben. In Ermangelung anderer Drogen griff er frühzeitig zum Alkohol – wer sich heute DDR-Filme aus den achtziger Jahren anschaut, wird verwundert sein, welche Rolle *Goldbrand* und *Berliner Pilsner* im Alltag gespielt haben. Ansonsten lebte der Jugendliche nicht so viel anders als sein Altersgenosse aus dem Westen. Die Diskothek hieß halt »Jugendtanzveranstaltung«, der DJ »Schallplattenunterhalter«, und Cola-Wodka kostete 1,30 Mark.

Dumm war nur, daß auf derlei Veranstaltungen das Verhältnis 60:40 Ost- zu Westmusik eingehalten werden mußte. Also verlagerten sich die Partyaktivitäten in die heimischen Wohnzimmer. Waren die Eltern weg, gab es »Feten« bis zum Abwinken. Papis *Rema-Andante* wurde bis zum Anschlag aufgedreht, und Sohnemann stöpselte seinen Recorder *Annett* mit den 20-Mark-ORWO-Kassetten an. Mit an Sicherheit grenzender Wahrscheinlichkeit schallten dann nicht die *Puhdys* oder Petra Zieger mit ihren lächerlichen NDW-Plagiaten durch den Plattenbau, sondern *Spliff*, *Extrabreit* oder Peter Schilling. Grundbedingung war, daß mindestens 20 bis 30 Leute die Wohnung bevölkerten. Zu fortgeschrittener Stunde wurde auch schon mal die für 120 Mark erworbene Westschallplatte auf den Plattenteller gelegt, während sich wildfremde Pärchen in den elterlichen Ehebetten wälzten, um dem Abend noch eine weitere spannende Komponente abzugewinnen. Am nächsten Morgen wurde dann im engsten Freundeskreis diskutiert, wer denn diesmal der Stasi-Spitzel gewesen sein könnte. Aber eigentlich war auch das egal, denn »man hatte ja nichts zu verbergen«, bestenfalls die Partyschäden vor den irgendwann wiederkehrenden Eltern.

Ach, die Stasi! Klar wußte man, daß sie irgendwie allgegenwärtig war, aber Angst hatte der Durchschnittsbürger kaum. Sicher war die Unkenntnis über den Umfang des Bespitzelungssystems Ursache für diese Sorglosigkeit. Aber wirklich fürchten mußten sich nur die Leute vor Mielkes Mannen, die die ideologische Auseinandersetzung mit dem System suchten. Doch der Arbeiter mit sicherem Arbeitsplatz, einem Trabi vor der Tür und seinem Fernseher in der Anbauwand *Karat* hatte sich arrangiert. Dem waren der Staat und die politische Auseinandersetzung absolut schnuppe.

Und wer hat nicht gelacht, wenn die unauffälligen (DDR-)parkabekleideten Zweiergrüppchen mit dem obligaten Knirps in der Hand am Straßenrand standen und aufpaßten, daß bei einem der vielen Staatsbesuche nicht etwa ein Abtrünniger einen Kiesel vor die Staatskarossen warf. Natürlich gingen Gerüchte um, daß in jedem Arbeitskollektiv ein Mitarbeiter der »Firma« mit von der Partie war, doch geglaubt hat das niemand. Denn irgendwie wurde in den Achtzigern alles ein wenig weltoffener in der DDR. Honecker fuhr in der Weltgeschichte herum, ließ sich von Westpolitikern hofieren und hob sogar das Westfernsehverbot in einer Parteitagsrede offiziell auf. So konnte man sich nun in der Pause »legal« über die letzte *Dallas*-Folge unterhalten, und das war wichtiger als irgendwelche Planerfüllungen, der nächste Subbotnik oder der Aufbau der entwickelten sozialistischen Gesellschaft.

Eines hatten Mitte der achtziger Jahre selbst die Genossen im Politbüro begriffen: Wenn sie das politisch desinteressierte Volk bei der Stange halten wollten, dann mußten Konsumartikel in die Läden. Und so ließ sich der für die Wirtschaft verantwortliche Genosse Günther Mittag ein neues Schlagwort einfallen: Konsumgüterproduktion. Die großen Kombinate hatten nun per Befehl nicht nur Maschinen für den Export zu bauen, sondern sich auch mit der Verfertigung ebenjener Güter für den Konsum der Arbeiter und Bauern zu beschäftigen. Also stellte ein Schwermaschinenwerk nebenbei noch den Partygrill für die Gartenfete her. Wo der geplagte Konsument allerdings die Holzkohle für das gute Stück herbekommen sollte, interessierte den Genossen Mittag nicht wirklich. Dafür waren plötzlich tonnenweise Bohrmaschinen für den Heimwerker oder schmiedeeiserne Zeitungsständer erhältlich und verstärkt »Lizenzschallplatten«

mit der einstmals so verpönten Musik des Klassengegners.

Im Radio, speziell bei DT 64, wurden die ideologischen Botschaften in zunehmendem Maße mit Songs aus dem »nichtsozialistischen Wirtschaftsgebiet« garniert. Ansonsten konnten die elektronischen Medien der DDR bis 1989 von der Masse weitestgehend unbeachtet vor sich hinsenden. Wann flimmerten schon mal die Kanäle 5 und 27 über die Bildschirme zwischen Rostock und Suhl? Montags vielleicht, wenn der obligate alte deutsche Spielfilm mit Heinz Rühmann oder Grete Weiser lief. Aber wer hat wirklich je den sich direkt anschließenden *Schwarzen Kanal* mit Karl-Eduard von Schnitzler gesehen, jenes ideologische Einpeitschmachwerk, das den Einsatz von Nierenschale und Beißring auf Zuschauerseite geradezu zwingend erforderlich machte? Samstags wurde noch der *Kessel Buntes* eingeschaltet, in dem die populären Schlagerfuzzis aus dem Westen auftraten. Conférencier O.F. Weitling ließ hin und wieder mal einen kecken Spruch gegen die Partei los, bis er aus dem Fernsehen entfernt wurde. Die Parteiführung wußte natürlich, daß sich die fleißigen Arbeiter und Genossenschaftsbauern von solchen subversiven Elementen nicht gerne beleidigen ließen! Allerdings merkten sie das ganze Theater sowieso nicht, denn deren Favoriten hießen ARD, ZDF und irgendwann auch SAT 1. Wer interessierte sich schon für *rund* und *Bong*, wenn der *Rockpalast* des WDR die wirklichen Stars per Live-Übertragung ins heimische Wohnzimmer schickte? Die Sendungen boten Anlaß für großpostige Feten im Freundeskreis.

Im Radio waren RIAS 2, NDR oder die ersten Privaten die angesagten Sender; allenfalls DT 64 erlangte nennenswerte Bedeutung. Der Sender war von der Moderation her erträglich und lieferte zumindest ab 1987 einen interessanten Westmusikanteil, der das Verhältnis 60:40 schlichtweg ignorierte. Durch die vielen Musikspezialsendungen konnte man sich die Informationen besorgen, die mangels Zugang zu interessanten Zeitschriften sonst nicht zu beschaffen waren.

Der Begriff »Freiheit« spielte in der DDR in den Achtzigern eine wichtigere Rolle als in den Jahrzehnten davor. Allerdings beschränkte sich dessen inhaltliche Bedeutung im wesentlichen auf eine diffuse Vorstellung von Reisefreiheit Richtung Westen. Etwa ab 1985 wurden die Möglichkeiten, Verwandte im Bundesdeutschen besuchen zu dürfen – zum Beispiel zu runden Geburtstagen –, ein wenig erweitert. Das hatte natürlich den von den Parteibonzen nicht gewünschten Nebeneffekt, daß immer mehr DDR-Bürger feststellen konnten, daß das Leben dort weitaus spannender zu sein schien. Ihre Erfahrungen erzählten sie den gezwungenermaßen Daheimgebliebenen in den schillerndsten Farben, was dem verklärten Bild vom Goldenen Westen reichlich Nahrung bot. Der Spruch »Das wäre drüben nicht möglich« wurde immer dann angebracht, wenn der Klempner von der PGH (Produktionsgenossenschaft des Handwerks) mal wieder einen Haufen Dreck nach der Reparatur des Abflusses hinterlassen hatte oder die Verkäuferin in der Kaufhalle eine schnippische Antwort zum besten gab. Daß im Westen noch ganz andere Dinge möglich sind, konnte noch keiner ahnen!

Ein Phänomen erlebte bei DDR-Bürgern, im Gegensatz zu den Brüdern und Schwestern im Westen, eine unglaubliche Verbreitung: die FKK-Bewegung. Die krasse Abgrenzung zu den »Textilstränden« wurde in den achtziger Jahren praktisch völlig aufgehoben. Ob Papa und Mutti nun im lappigen Wollpryla-Badedreß am Strand lagen oder sich das Linnen komplett vom Leibe rissen, interessierte niemanden. War diese Unbekümmertheit vielleicht eine unbewußte Demonstration des Freiheitsbedürfnisses der Menschen, oder entstammte sie schlicht der nicht vorhandenen Notwendigkeit, ständig mehr scheinen zu müssen, als man war? Eine Frage, deren Beantwortung sicher mehr als nur eines Gedankens bedürfte. Auf jeden Fall bewies die FKK-Bewegung in der DDR, daß bunte Fickelhefte für einen zwanglosen Umgang mit der eigenen Nacktheit nicht wirklich notwendig sind.

Doch zurück zu den Dingen, die für den Alltag des normalen DDR-Bürgers einen höheren Stellenwert besaßen. Konnten NATO-Doppelbeschluß und die Reaktorkatastrophe von Tschernobyl den Menschen nur unwesentlich beunruhigen, so weckten Begriffe wie »Glasnost« und »Perestroika« weitaus mehr das Interesse von Frau und Mann auf der Straße. Auch hier waren die Vorstellungen recht konfus, aber daß die Sache irgendwie etwas mit »sagen können, was man will« zu tun hatte, begriff auch die Verkäuferin an der Pfandflaschenannahme im *Konsum* an der Ecke.

Da gab es in der Sowjetunion einen Menschen im höchsten Amt, der das aussprach, was man sich bestenfalls im Freundeskreis zuraunte! Michail Gorbatschow wurde zum Hoffnungsträger, denn was im Mutterland des Sozialismus möglich war, müßte sich doch auch in der DDR diskutieren lassen können. Und auf einmal hatten die kleinen Parteisekretäre und Propagandahüpfer ein Problem am Hacken: den beharrlich nachfragenden und unbekümmert schimpfenden Mitmenschen. Das jahrelang unbeachtet vor sich hindümpelnde sowjetische Pressemagazin *Sputnik* wurde plötzlich massenhaft beim staatlichen Postzeitungsvertrieb käuflich erworben. Mit wachsender Begeisterung nahm der bis dato desinteressierte Leser Artikel über Schlamperei und Korruption zur Kenntnis. Vieles kam ihm unglaublich bekannt vor. Als dann 1988 der Artikel *Hätte es Stalin ohne Hitler gegeben?* in besagtem Magazin abgedruckt wurde, hatte das Politbüro der SED die Nase voll. Die Verbreitung der deutschsprachigen Ausgabe in der DDR wurde kurzerhand eingestellt. Doch der Bürger hatte Mut geschöpft. Die Proteste wurden offen und laut bei allen sich bietenden Gelegenheiten zum Vortrag gebracht.

Der Rest ist Geschichte. Der durchschnittliche Mitmensch ließ sich nicht mehr das Wort verbieten. Die Gefahren, denen er als Einzelkämpfer in der oppositionellen Bürgerbewegung ausgesetzt war, ließen sich in der Masse trefflich minimieren. Und da das angeschlagene System glücklicherweise zu keiner ernsthaften Reaktion mehr fähig war, konnte sich unser normaler DDR-Bürger ab 10. November 1989 am Schalter der Deutschen Bank anstellen, um sein Begrüßungsgeld in Empfang zu nehmen.

Jürgen König (42) wuchs auf wie viele in der DDR. Highlights: Schule, Abi, Grundwehrdienst, Studium. Dann fünf Jahre lang einziger Lehrer in Berlin-Mitte mit langen (sehr langen) Haaren. 1987 Ausstieg aus der Volks(ver)bildung und Wechsel zum Jugendradio DT 64 als Musikredakteur, selbiges ab 1992 bei ORB Rockradio B (hei, was haben wir da für Musik gespielt! Hauptsache hart und unbekannt). Seit 1993 Programm-Manager bei FRITZ. Schönste Erinnerung an die achtziger Jahre in der DDR: Platten besorgen und Musik hören rund um die Uhr.

MONOTONIE IN DER SÜDSEE
Pralles Leben in Ostwestfalen-Lippe

Von Frauke Niemeyer

Wir in OWL und die Technik

Auch im westfälischen Raum verlief die technische Entwicklung der achtziger Jahre rasant. Videorecorder, Walkman, Computer, Tastentelefon – der elektronische Fortschritt war wie nie zuvor und niemals wieder entscheidend für die gesellschaftliche Reputation des einzelnen.

Unverzichtbar für den guten Ruf war der Walkman, in Form und Größe einer Zigarrenkiste ähnlich, wenn möglich von Sony, ansonsten egal. Keineswegs egal war das Funktionsprinzip des Videorecorders. Und VHS-Gegnern nutzte es gar nichts, wenn sie unter den massiven Schlägen ihrer Klassenkameraden standfest behaupteten, Video 2000 sei aber das bessere System.

Dagegen hatten Jungs, die keinen Fußball spielten, über drei Dioptrien kurzsichtig waren und nur aufs Maul kriegten, mit einem Mal die Möglichkeit, über einen Vorsprung an Technik zu einer passablen gesellschaftlichen Stellung zu gelangen. Ein Klassenkamerad, jahrelang als »Spackomat« direkt vorm Eintreten des Lehrers gepackt und aus dem Fenster geworfen, war plötzlich in der Lage, sich die Freundschaft der Clique zu erkaufen, weil er als erster einen C 64 mit *Pac-Man* und *Space Invaders* besaß. Die Zeit, wo man in 20köpfiger Traube im Kaufhaus vor dem einzigen Ausstellungsvideospiel stand und pro Stunde 0,3 mal drankam, war damit vorbei.

Die Selektion durch technischen Fortschritt konnte sich aber ebenso leicht negativ auswirken. Wer beispielsweise vor der Clique großspurig verkündet hatte, seine Eltern würden sich jetzt auch einen Hi-Fi-Turm kaufen, bei der Vorführung dann aber nur eine *Schneider-Kompaktanlage* präsentieren konnte, war die nächsten zwei Jahre tot.

Zu unschönen Szenen kam es immer wieder, wenn die Clique wegen des neuen CD-Players gekommen war und per Schlagbohrer die *Genesis*-CD der Eltern mit einem 5 Millimeter dicken Loch versah, um die Fehlertoleranz des Lasers zu testen.

Wir in OWL und die Politik

Unsereins, als gemeine(r) Kleinstadtjugendliche(r), hatte es nicht leicht, denn es gehörte zum guten Ton, die »In-klusive«-Schreibweise zu verwenden und sich für Politik zu interessieren. In diesem Bereich gaben sich jedoch in Form von Cruise Missiles, Tschernobyl oder Startbahn West die Katastrophen die Klinke in die Hand. Die dickste Katastrophe wurde Kanzler und spazierte dann auch noch einträchtig mit dem amerikanischen Präsidenten über einen SS-Friedhof. Bei Obst und Gemüse waren plötzlich nicht mehr die Vitamine entscheidend, sondern der Cäsiumgehalt.

Landläufig hatte sich die Meinung durchgesetzt, daß dies das letzte Jahrzehnt der Erde werden würde. Aber kampflos wollten wir uns nicht ergeben. Die 300 000 Mann (Frau) starke Hofgartendemo in Bonn gegen Cruise Missiles und Pershing 2 war nur die Spitze des Eisbergs. Wichtig war die tägliche politische Arbeit vor Ort, denn ein(e) jede(r) wußte auswendig vom letzten Kirchentag: Wenn viele kleine Menschen an vielen kleinen Orten gemeinsam etwas tun, dann kann sich das Gesicht der Welt verändern. Dementsprechend sah der Stundenplan eines(r) Durchschnittsjugendlichen in einer westfälischen Kleinstadt aus:

- Montag, erste große Pause: Kuchenverkauf für UNICEF, 20.00 Uhr: Redaktionssitzung der Friedenszeitung
- Dienstag, 15.00–18.00 Uhr: Aktionsstand »Kauft keine Früchte aus Südafrika« vorm ALDI
- Mittwoch, erste große Pause: Treffen der AG »Unsere Schule wird atomwaffenfreie Zone«, 15.00–18.00 Uhr: Aktionsstand »Kartoffeldruck mit Friedensmotiven« vorm ALDI
- Donnerstag, 15.00–18.00 Uhr: Aktionsstand »Stanz deine eigene Anti-AKW-Plakette« vorm ALDI
- Freitag, erste große Pause: Aktion »Tauscht Kriegsspielzeug gegen friedliches Spielzeug«, 15.00–18.00 Uhr: Aktionsstand »Kauft nicht beim ALDI« vorm ALDI
- Samstag, 11.00–12.00 Uhr: Menschenkette rund ums Rathaus
- Sonntag, ab 18.00 Uhr: Teetrinken und Backen für Kuchenverkauf am Montag

Wir in OWL und das Freizeitverhalten

Im Freizeitverhalten spaltete der Trend Ostwestfalen-Lippe in zwei geographische Lager. Während man im reichen Bad Oeynhausen in verspiegelten Kneipen, auf Chromstühlen und an schwarzen Tischen sitzend, seine *Grüne Wiese* schlürfte (wahlweise auch Cola-Asbach), entwickelten wir Jugendlichen der anderen Ortschaften einen starken Hang zur Gemütlichkeit. Die gemeine 14jährige empfing wöchentlich den Besuch der Clique zum Antikriegsteetrinken, im Unterricht wurden Norwegerpullis im Akkord angefertigt.

Beliebter noch als Stricken, jedoch aufwendiger war das Einfärben von lila Halstüchern, Unterhemden und alten Schlafanzugjacken – natürlich mit Naturfarben, die man über Stunden in einem Zehnlitertopf mit stinkender Plörre hochkochen mußte. Danach war die elterliche Küche für zwei Wochen unbegehbar. Aus ebendiesem Grund konnte sich der Freizeittrend nicht lange bei uns halten, statt dessen gingen die Mädchen dazu über, in sämtliche Pullis und T-Shirts Schulterpolster einzunähen.

Ein Trend, der einschlug, waren Fantasy-Rollenspiele, allen voran *Das Schwarze Auge*. Unsere auf den ersten Blick normal wirkende Clique saß um einen Küchentisch, alle nannten sich Bogomil, Torin oder Gandalf und hatten Intelligenz +5 und Geschicklichkeit +2. Eigentlich jedoch saß die Gruppe nicht, wie es für phantasielose Idioten den Anschein hatte, mit einem Würfelspiel beschäftigt in der Küche, sondern sie robbte durch unterirdische Gänge, die 20 Zentimeter hoch und mit Schwefelsäure bestrichen waren, ständig bedroht von Troll-Angriffen aus dem Hinterhalt, deren Urheber zwar Intelligenz -2, dafür aber Kraft +8 aufwiesen.

Am Ende des Jahrzehnts gab es für uns generell nur zwei Dinge zu tun: Video gucken. Entweder *Blues Brothers* (bis uns die Jungs irgendwann nicht mehr Bescheid sagten, weil sie keinen Bock mehr hatten auf die anschließende unvermeidliche Sexismus-im-Hollywoodfilm-Diskussion) oder, noch besser, *Life of Brian*. Der gute Ton wollte es, daß man Gäste an der Tür mit der Frage »Zur Kreuzigung?« begrüßte. Zum Film wurden nachgebackene Otternasen gereicht.

Wir in OWL und das Kino

Als Durchschnittsjugendliche in einer westfälischen Kleinstadt ging man einmal pro Woche ins Kino, und zwar von 1982 bis 1985 ausschließlich in *E.T.*, von 1985 bis 1986 in jeder ersten und dritten Woche des Monats in *Zurück in die Zukunft* und in der zweiten und vierten Woche in *Beverly Hills Cop*. 1986 war vorübergehend *Top Gun* dran und die letzten drei Jahre von 1987 bis zum Ende nur noch *Dirty Dancing*. Der Einfluß des Kinos auf das Alltagsleben war beträchtlich.

Wie viele unserer ersten Beziehungs»kisten« zerbrachen allein daran, daß der männliche Partner sich auch nach Genuß der zehnten *Dirty Dancing*-Vorführung noch strikt weigerte, mit seiner Freundin den Mambo-Kurs der örtlichen Tanzschule zu besuchen? Der Radioweckerindustrie muß das Jahr 1985 einen überraschenden Boom beschert haben, weil ganze Schulklassen voller Jungs versuchten, den morgendlichen Alarmton wie Michael J. Fox mit einem Tennisball zu beenden. Während einer kurzen Phase sah man in Kneipen häufiger Gruppen von vier oder mehr Personen den ganzen Abend schweigend am Tisch sitzen. Sie hatten sich zuvor das Atomkriegsepos *The Day after* angeschaut. Wer nach »Genuß« des Films nicht mindestens drei Stunden voll fertig und auch am nächsten Tag noch spürbar betroffen war, galt als unsensibel und Sympathisant der Jungen Union.

Gleichzeitig verpaßte die Bundeswehr 1986 die Chance, neue Anhänger aus dem Raum Lippe-Detmold zu gewinnen. Hätte sie bloß an Stelle des paramilitärischen Kurzhaarschnitts bei der Musterung eine Wetgel-Frisur à la Tom Cruise angeboten und statt der langweiligen Bundeswehrausweise solch schicke, metallene Umhängetäfelchen wie in *Top Gun!* Die Jungs hätten sich scharenweise freiwillig gemeldet, nur um ihr Täfelchen am letzten Tag ihres Wehrdienstes bei Sonnenuntergang in die Kieler Förde zu werfen.

Wir in OWL und das Fernsehen

Die erste amerikanische Soap-Opera im deutschen Fernsehen sorgte dafür, daß etwa 40 Prozent der heute 15jährigen Mädchen in Ostwestfalen-Lippe Pamela heißen. Lernen konnten wir bei *Dallas* zweierlei, nämlich daß Texas flach ist und daß alles, was in Texas passiert, nie länger als zwei Minuten dauert.

Ansonsten spielte sich das Fernsehen, anders als heute, zu gewissen Stoßzeiten ab: zwischen 18.00 Uhr und 22.30 Uhr und ab 23.00 Uhr. Jeder Tag bot eine überschaubare Zahl von Schwerpunktsendungen, die jeder gesehen haben mußte, der am nächsten Tag in der Schule mitreden wollte.

- Montag: 18.40 Uhr *Hart, aber herzlich*, ab 19.30 Uhr Hin- und Herschalten zwischen *Hart, aber herzlich* und *Na so was*, ab 19.50 Uhr nur noch *Na so was*
- Dienstag: 21.00 Uhr *Formel 1*, 21.45 Uhr direkt umschalten auf *Dallas*
- Mittwoch: 18.40 Uhr *Falcon Crest*, danach Pause und ab 21.00 Uhr *Denver*
- Donnerstag: unter Zwang um 19.30 Uhr *Der große Preis*, anschließend ebenfalls unter Zwang *Bios Bahnhof*
- Freitag: 18.20 Uhr *Männer ohne Nerven*, 20.15 Uhr entweder *Aktenzeichen XY ungelöst* (mit angeregten Diskussionen darüber, ob jemand aus der Familie nicht am 12. Juni 1967 nachmittags irgendwas Verdächtiges beobachtet hatte) oder im Ersten den Katastrophenfilm mit Ernest Borgnine
- Samstag: 18.20 Uhr *Die Waltons*, dann duschen und um 20.15 Uhr *Wetten, daß …?* Falls Oma aufwacht, *Das Wort zum Sonntag*, ansonsten direkter Wechsel auf den Western, zwischendurch umschalten auf *Das aktuelle Sportstudio* (je nachdem, wie *Arminia Bielefeld* gespielt hat).

- Sonntag: 18.40 Uhr *Lindenstraße*, 20.15 Uhr der neue *Tatort* mit Schimanski (Die Intellektuellen sahen hier eine Möglichkeit, sich vom Plebs abzugrenzen, indem sie laut und zum Schock der Umstehenden proklamierten, daß sie Tanner besser fänden.)

Der zweite Fernsehschwerpunkt fand um 23.00 Uhr statt, ausschließlich auf SAT 1 und ebenso ausschließlich im geheimen.

- Montag: *Süße Mäuschen machen Päuschen*
- Dienstag: *Pralle Brüste an der Küste*
- Mittwoch: *Geile Teens in kurzen Jeans*
- Donnerstag: *Flotte Schnecken, die sich recken*
- Freitag: *Schlimme Finger, pralle Dinger*
- Samstag: *Flotte Hummeln gehen bummeln*
- Sonntag: *Heiße Eisen gehn auf Reisen*

Wir in OWL und die Kultobjekte

Um leichter den Überblick zu behalten, wer in der pulsierenden Jugendszene am Fuße des Wiehengebirges wirklich in war, wurde ein weithin anerkanntes Punktesystem für den Besitz von Kultgegenständen eingeführt. So konnte man sicherstellen, daß sich nicht etwa halbgare Langweiler einzig durch das stetige Tragen von Burlington-Socken in der Beliebtheitsskala nach oben mogelten, obwohl sie zu Hause nicht mal ein Poster mit einem weinenden Pierrot hatten. Das gehörte nun wirklich zur unverzichtbaren Grundausstattung an Achtziger-Utensilien!

Die Duftnoten Opium, Passion und Poison brachten pro Flakon vier Punkte, für Tennissocken, Stulpen und Handschuhe mit abgeschnittenen Fingern galt: ein Punkt für drei Paar. Bis 1984 erhielt man für eine Jutetasche in der »Jute statt Plastik«-Standardausführung fünf Punkte. Die Friedensedition mit weißer Taube brachte sieben Punkte ein. Aber Vorsicht, ab 1985 wurden zum Transport handlicher Gegenstände bunte Plastiknetzkörbe benutzt. Wer dann noch mit einer Jutetasche gesehen wurde, bekam in gleicher Höhe Punktabzug.

Das *Leonardo*-Geschirr mit weißen Wolken bescherte dem stolzen Besitzer zwei Punkte pro Glas. War auch die passende Karaffe vorhanden, wurde die erreichte Punktzahl mal drei genommen. Wer in dieser Abteilung noch nicht genug Punkte gemacht hatte, konnte aufholen mit einem Poster von Ikea, vorausgesetzt, es steckte in einem Metallrahmen und zeigte das Motiv »17 rote Tomaten und eine schwarze«. Voll verdiente sieben Punkte. Weitere vier Punkte erhielt jeder Besitzer eines Saxophons, und einen Bonus für denjenigen, der beweisen konnte, daß er das Saxophon nur gekauft hatte, um *Careless Whisper* nachzuspielen.

Für eine reelle Chance auf einen Platz unter den ersten zehn mußte man allerdings mit einem Kultstück aufwarten. Satte 30 Punkte nach vorn katapultierte die Quarzuhr mit Zeitstoppfunktion, weitere fünf Punkte bei eingebautem Taschen-

rechner. Die gleiche Punktzahl brachte das Keyboard zum Umhängen oder die Yuccapalme; sie mußte allerdings mindestens 1,70 Meter hoch sein, mit Blättern nur auf den letzten zehn Zentimetern.

Weitere zehn Punkte in der Mittendrin-in-den-Achtzigern-Wertung fuhr man mit der Doppelstockfedertasche ein, und 100 Punkte, wenn mit Kuli draufgemalt war »Doof bleibt doof, da helfen keine Pillen« oder *Duran Duran.* Mit all diesen Schätzen gelang jedoch keinem von uns jemals der Sprung auf Platz eins. Der war auf alle Ewigkeiten besetzt von zwei Brüdern aus dem an sich ungeilen Ort Schnathorst, die ihren Vater dazu gebracht hatten, mit roten Klinkern und auf zwei Meter Länge *U2* in die Hofeinfahrt zu pflastern.

Frauke Niemeyer, geboren 1969, aufgewachsen in Mennighüffen zwischen West- und Ostscheid. Besaß *Leonardo*-Geschirr in Rosa und ein Nietenarmband. Wollte nach der Wahl 1984 Politikerin, nach *Flashdance* Tänzerin und nach dem Frankfurter Kirchentag Pastorin werden. Erpreßbar, weil mit Freundin 1984 nach Köln gereist, um Wolfgang Niedecken im *BAP*-Südstadtbüro zu besuchen. Kam 1990 nach Berlin, fand Freunde, die sie jedoch fallenließen, als sie von ihrer *BAP*-Vergangenheit erfuhren. Bei FRITZ leistet man ihr seit 1993 psychologische Hilfe.

EXPRESS YOURSELF
Sex – herrlich ungenierte kleine Orgien

■ **Von Jürgen Büsselberg**

Der Bart war ab. Endlich. An einem Sonntag im Frühling 1980, nachmittags, im Badezimmer meiner neuen WG, da geschah es. Erst noch ein kurzes Zögern. Wie mag ich wohl darunter aussehen? Dann ein gewagtes erstes »Schnipp«: ein beschädigter Vollbart. Und noch einmal »Schnipp«: ein zweites Loch, diesmal auf der rechten Wange. Nun gab es kein Zurück mehr. Nach und nach legte ich meine Wangen frei und mein Kinn, verschwanden die Haare rund um die Lippen. Ich wollte mich nicht mehr hinter diesem Kraut in meinem Gesicht verstecken. Offenheit war angesagt. Und ein Schwuler hatte nun mal keinen Vollbart.

Es war wie der Start in ein neues Leben. Endlich raus aus der eher miefigen Heimatstadt. Jetzt war ich in Bremen. Einer Großstadt. Mit bewegter Schwulenszene. Erste Demonstrationen in der Fußgängerzone und große Auftritte der Tunten und des schwulen Chores im alternativen Kulturzentrum.

Da jubelten sogar die Heteros mit. Und jeden Abend okkupierten die Homos das Café im Programmkino für sich. Und ich immer mittendrin. Alle wußten endlich, daß ich schwul war, die Kollegen, die Mitbewohner in der WG. Selbst meine Mutter hatte die Nachricht überlebt. Ein Gefühl von Befreiung. Nur die schwule Liebe, der Sex, die ließen noch auf sich warten. Ich wollte sie beinahe alle, keiner wollte mich. Aber dann kam Tim. Ein Riese von Kerl, knapp zwei Meter lang. Wir müssen ausgesehen haben wie Pat und Patachon, wenn wir nebeneinander herliefen. Wollte ich ihn küssen, mußte ich ihn fragen, ob er seinen Kopf auf meine Höhe bringen mochte. Nur im Liegen war das weniger ein Problem. Super, endlich verliebt!

Ein gemeinsamer Ausflug nach München. Und während ich mir in einem Schwabinger Jeansladen einen Overall kaufte, wie man ihn in Bremen nie bekommen würde, erstand Tim am Kiosk den neuesten *Spiegel.* Titelgeschichte: *Tödliche Seuche Aids – Die rätselhafte Krankheit.* Von der »Schwulenpest« wurde da geschrieben,

»von einer Krankheit, die wie ein apokalyptischer Reiter auf schwarzem Roß über die Menschheit kommen wird«. 558 Menschen seien in den USA bereits daran gestorben – beinahe alle waren schwul. »Aids ist eine Zeitbombe«, verkündete eine Ärztin des Bundesgesundheitsamtes und warnte: »Promiskuität ist das Vehikel von Aids.«

»Also ist jetzt Treue angesagt«, sagte Tim, »alles andere ist wie ein Todesurteil.« Grinsend fügte er hinzu: »Dann such dir mal einen Lover, mit dem du alt werden kannst.« Und mir wurde klar: Ich war es nicht. War es nun schon wieder vorbei mit dem schwulen Sex? Ich hatte doch gerade erst angefangen. Bitter, bitter.

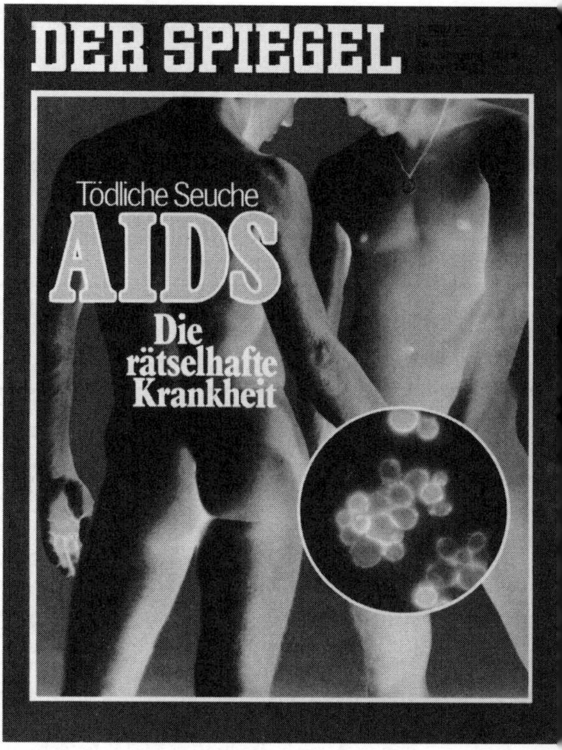

Doch bekanntlich wird keine Kartoffel so heiß verspeist, wie sie serviert wird. Ja, in Amerika wurde gestorben, aber warum sollte mir das angst machen? Safer Sex? Was meinen die bloß damit? Kondome? Was brauche ich Verhütungsmittel? Bei der nächsten Reise nach München, diesmal ohne Tim, traute ich mich erstmals in ein schwules Badehaus. Angenehm und unkompliziert. Sex in einem warmen, dunklen Raum – prickelnd, aufregend.

Noch wußte ich nicht, daß in New York und San Francisco, Amerikas Homosexuellen-Hochburgen, die schwulen Saunen längst geschlossen wurden. Im Rat-und-Tat-Zentrum, dem Bremer Schwulentreff, tauchten die ersten Broschüren mit Überlebenstips auf. Sex ja, aber bitte sicher. »Beim Blasen vor allem den Samenerguß in die Mundhöhle vermeiden«, stand da.

Okay. Und dann eben doch keine Eskapaden mehr. Lieber eine feste Beziehung. Glücklicherweise dachte Karsten genauso.

»Bin ich froh, daß ich mich noch in den siebziger Jahren habe austoben können«, sagte mein Mitbewohner Hans eines Abends beim WG-Essen. Die Früchte des fröhlichen Austobens wuselten auch durch unser Haus. Verwirrende Mutter-Kind-Vater-Beziehungen präsentierten mir meine WG-Genossen. Anna hatte eine Tochter von Klaus, Regina eine Tochter von Jörg, Hans einen Sohn mit Brigitte. Doch keines der Paare lebte zusammen. Die alleinerziehende Mutter war angesagt. Und wenn es einen Mann gab in ihrem aktuellen Leben, war er bestimmt nicht der Vater ihres Kindes.

Nur bei unserer Nachbarin Petra war das anders. Die hatte ihren Fred. Und mit ihm den kleinen Sven. Aber Fred war auch ein Leiser, Sanfter. Meine Mutter hätte gesagt, er sei ein Pantoffelheld. Nun nannte man solche Männer »Softies«. Regina und Anna lästerten gerne über diesen weichen Kerl, der anscheinend alles tat, was seine Petra von ihm verlangte. Aber wenn die Väter ihrer Kinder kamen, schlichen auch die eher unauffällig durchs Haus. Mir egal, ich verstand mich eh viel besser mit selbstbewußten Frauen.

Die hatten immer noch ihren Spaß am Sex. Aber offensichtlich auch Angst vor Aids. Regina verriet mir eines Tages bei der Gartenarbeit: »Da dachten wir, jetzt könne man dank der Pille mal ungehemmt rumvögeln, und nun hantiert man doch mit Gummis rum beim Sex.« In der Nacht zuvor hatte sie zum erstenmal seit Monaten einen Typen aus der Szenekneipe mitgebracht.

»Warum willst du einen Aids-Test machen?« fragte mich mein schwuler Freund Werner. »Wenn du positiv bist, machst du dich nur unnötig verrückt. Das geht heftig auf die Psyche. Und wenn du negativ bist, prima, aber das befreit dich auch nicht vom Safer Sex.« Damals, als es noch kein Mittel zu geben schien, um den Ausbruch der Krankheit wenigstens zu bremsen, konnte man diese Antwort noch geben.

Das Dumme war nur: So geschützt erschien mir mein Sexleben gar nicht immer. Karsten und ich hatten uns längst getrennt, und ich hatte Berlin für mich entdeckt. Als ich die ersten Male die schwulen Kneipen der damals noch ehemaligen Hauptstadt betrat, fühlte ich mich verrucht. Berlin – das Sündenbabel der Schwulen. Zwar hatten auch hier die Wirte der Kneipen rund um den Nollendorfplatz ihre Dunkelräume und Sexkeller verbarrikadiert, aber in so manchem Club fand sich noch eine dunkle Ecke für anonymen Sex.

Eine neue bundesdeutsche Offenheit entwickelte sich. Stars wie Barbara Valentin verkündeten in Interviews: »Ich bestehe auf Kondombenutzung.« Im Radio stellten Anrufer dem Studiogast von der Aids-Hilfe offene Fragen: »Wenn ich keine Verletzung an der Eichel habe und Öl benutze, um mich nicht zu verletzen, kann ich dann auch ohne Gummi mit ihr schlafen?« In der Schule durften Mädchen wie Jungen üben, wie man Kondome über Holzpenisse stülpt. Und an die Jungen erging der Rat, das ruhig auch schon mal beim Onanieren zu üben.

So offen ging es in der DDR noch nicht zu. Jedenfalls nicht offiziell. Aids war für die Staatsführung eine Krankheit des Kapitalismus. Man lebte in der Hoffnung, die Mauer würde das Virus zurückhalten. Besuchte ich meine schwulen Freunde Adrian und Ingo im Prenzlauer Berg, bekam ich bei West-Kaffee und Ost-Fruchtkuchen ab und an ähnliche Fragen zu hören wie der Mann von der Aids-Hilfe: »Wir sehen ja manchmal im Westfernsehen diese Aufklärungsfilmchen. Also, das wird durch Blut und Sperma übertragen. Aber nicht durch Küssen, oder?«

Überrascht war ich über die vielen jungen schwulen Pärchen, die im Prenzlauer Berg und anderswo in der Hauptstadt der DDR in meist kleinen Einraumwohnungen zusammenlebten. »Ihr neigt aber früh zum Nestbau«, wollte ich Ingo und Adrian ärgern. »Ach, weißt du, das Sein bestimmt nicht nur das Bewußtsein, sondern die Umstände oft auch das Tun«, orakelte Ingo. »Was willste mir jetzt damit sagen?« – »Na ja, bei vielen ist es eben so, daß der eine aus der Provinz kommt und gern in Berlin leben will, aber nie eine eigene Hütte bekommen würde. Also zieht er zum Lover, der als Berliner 'ne Wohnung hat«, erklärte Ingo. »Und wenn der ihn rausschmeißt, sucht er sich schnell einen neuen mit eigenem Ofen, sonst müßte er ja heim zu Muttern nach Oranienburg«, fügte Adrian hinzu.

Das Wohnungsproblem in der DDR verführte auch viele Heteros zu früher Ehe. Mit 18 wurde geheiratet, spätestens mit 20 war das erste Kind da und mit 25 die Familienplanung abgeschlossen. Wenn die Ehepartner sich nicht längst schon wieder getrennt hatten. Knapp 50 000 Ehen endeten 1988 in der DDR vor dem Scheidungsrichter. Damit belegte sie bei der Scheidungsrate den dritten Platz hinter den USA und der Sowjetunion.

Im Herbst 1989, bei meinem letzten Besuch in Ostberlin vor dem Fall der Mauer, erzählte mir Adrian, daß bald ein Film über eine schwule Liebe im Kino anlaufen sollte. »Das erstemal in der DDR. *Coming Out* heißt er. Ich bin schon sehr gespannt.« Am Abend der Uraufführung konnten die Zuschauer vom Kino *International* direkt zur Mauer gehen und mit Hunderttausenden zusammen feiern, daß sich die Grenze zwischen den beiden Deutschlands geöffnet hatte.

Wochen später überredete ich Adrian und Ingo, den Heiligabend auf besondere Art zu feiern. Im *Schwuz*, dem Berliner Schwulenzentrum, einst für meine beiden Freunde aus dem Prenzlauer Berg unerreichbar, fand die dritte Safer-Sex-Party statt. Endlich hatten wir alle begriffen, daß Sex und Erotik auch mit Gummi Spaß machen kann. Die Freude an der Lust war zurückgekehrt. Ich konnte den beiden also ungeniert herrliche kleine Orgien versprechen, ganz im Sinne von Madonna: *Express yourself.* Und ab in die Neunziger!

Jürgen Büsselberg versuchte sich erst als Lohnbuchhalter, wollte aber immer Journalist werden. Neben dem Volontariat bei der *Nordsee-Zeitung* in Bremerhaven geriet er ans Mikro bei Radio Bremen. Zuerst durfte er nur gelegentlich den *Pop-Karton* moderieren, dann aber 1986 *Bremen Vier* mit in die Welt setzen, das erste Vollprogramm nur für junge Leute innerhalb der ARD. 1991 zog es ihn die Hauptstadt – und hier ging er mit vielen Kollegen von Radio 4U zum ORB-Jugendprogramm FRITZ.

»UNSER STÜCK KUCHEN VOM LEBEN«
interview mit Campino

■ **Von Holger Stark**

Die *Toten Hosen* entstanden 1982 aus den Hinterhof-Punkbands *ZK (Zwei Koteletts)* und *KFC (Kein Fußballclub)*. Ostern 1982 in Bremen spielte die Band das erstemal auf der Bühne, im gleichen Jahr erschien die erste Single *Wir sind bereit.* Sänger Campino alias Andreas Frege gilt als Kopf und Sprecher der Band.

Campino, Kuddel (Gitarre), Breiti (Gitarre), Andi (Baß) und Wölli (Schlagzeug) sind dabei nicht nur eine Musikgruppe, sondern privat auch eng miteinander befreundet. Mit Songs wie *HipHop – BommiBop* oder *Hier kommt Alex* wurden die *Hosen* in den achtziger Jahren berühmt. Ihren ersten Nummer-1-Hit landeten sie allerdings erst gut zehn Jahre später: 1996 mit dem Sauflied *Zehn kleine Jägermeister.*

Holger Stark sprach mit Campino über die Band, Punks und die achtziger Jahre.

Ihr seid in den achtziger Jahren groß geworden. Was war das für eine Situation als Newcomer?

► 1982 war gerade die erste Welle der Punkbewegung abgeebbt, und jeder, der cool war, hatte sich bereits von der Bewegung verabschiedet. Die ersten Gruppen, die sich in den Endsiebzigern gegründet hatten, splitteten sich in dieser Zeit auf. So ging es auch den Bands *KFC* und *ZK*, die es vor den *Hosen* gab. Die *Toten Hosen* sind sozusagen zu einem Auffanglager für alle gestrandeten Existenzen geworden, die das Ende des Punkrock immer noch nicht begreifen konnten bzw. es einfach ignoriert haben. Schon mit der ersten Single wurden wir als die Ewiggestrigen abgestempelt. Im nachhinein war dieses antizyklische Verhalten für die *Toten Hosen* entscheidend.

Wie sah man aus als Punk der frühen achtziger Jahre – wie aus dem Bilderbuch mit Irokesenschnitt und bunten Haaren?

► Wir wollten einen Gegenpol bilden zu dem Lederjacken-Outfit, das in Punkrock-Kreisen Anfang der Achtziger sehr beliebt war. Das wurde uns zu puristisch, sah zu sehr nach Uniform aus. Jeder, der keine Lederjacke hatte, wurde automatisch zum Weichei abgestempelt. Wir versuchten unseren eigenen Stil zu finden und machten die Not zur Tugend, indem wir sagten: »Okay, wir ziehen mit Abstand das Geschmackloseste an, das wir finden können.« Unsere Klamotten kauften wir immer in diesen Kilo-Läden, in denen man Kleidung nach Gewicht bezahlt, das Kilo 'nen Fünfer, und entsprechend scheiße sahen wir auch aus. Das Konzept ging voll auf: Die *Toten Hosen* sahen nie irgendwelche weiblichen Fans in ihren ersten Reihen …

Wie liefen eure Konzerte ab?

▸ Wir gründeten die Band, weil wir rauswollten aus Düsseldorf. Wir wollten Helden sein für eine Nacht und waren froh, wenn wir Spritgeld für einen Ausflug bezahlt bekamen. Insofern drehten wir alle bei solchen Gelegenheiten Anfang der Achtziger tierisch durch. Früher kostete der Eintritt für ein Konzert der *Toten Hosen* fünf Mark. Da war niemand sauer, wenn du besoffen von der Bühne kipptest. Ob wir spielten oder nicht, war für einen guten Abend nicht entscheidend, dementsprechend waren unsere Konzerte. Heute legen die Leute ihre 20, 30 Eier hin und wollen dafür auch was sehen. Folglich versuchen wir uns mittlerweile zu disziplinieren.

Bands, Heroes, Vorbilder – wer war wichtig für euch?

▸ Für mich persönlich war eine Schlüsselfigur Johnny Moped. Ich mochte immer die Abteilung, die es nicht zu ernst nimmt. Natürlich fand ich auch *The Clash* gut, aber Johnny Moped oder *Peter and the Test Tube Babies* waren Bands, mit denen ich mich gerne in eine Reihe gestellt hätte. Ich mochte Gaga, Nonsens, deshalb auch *The Damned*, weil die auch auf dem Chaos-Trip waren. Diese Klassenfeind-Geschichten der Punkszene waren nichts für mich, weil ich einfach kein Working-Class-Kid bin. Wirklich nie was anfangen konnte ich mit Bands wie *Depeche Mode* oder *Duran Duran*, diese Synthie-Pop-Scheiße. Mir fällt noch heute schwer, das zu akzeptieren.

Das Jahrzehnt markiert auch den Beginn der Ära Kohl. Wie hast du den Regierungswechsel 1982 wahrgenommen?

▸ Als Jugendlicher bekam ich noch die Entwicklung rund um die *Rote Armee Fraktion* mit. Damit ging die SPD-Regierung von Helmut Schmidt in keiner Weise souverän um. Ich erinnere mich noch an Zeiten, als ich in Düsseldorf mit dem Bus zur Schule fuhr, plötzlich Polizei den Bus anhielt und kontrollierte. Insofern war mir die Schmidt-Regierung nicht als Friede-Freude-Eierkuchen-Regierung in Erinnerung, und so tat sich bei dem Wechsel für mich nicht viel. Da mein Vater immer schon Anhänger der Konservativen war, hatte ich sozusagen bereits 15, 16 Jahre Kohl-Regime hinter mir, bevor er tatsächlich die Macht ergriff.

Ihr hattet auch als Band schon immer ein gespaltenes Verhältnis zur Staatsmacht ...
▶ Klar! Wir spielten viele Konzerte in der Hausbesetzerszene, und der Polizei war nicht klar, was für einen Spirit wir hatten. Die verstanden unsere Ideologie einfach nicht. Eine Zeitlang fragten die sich, ob wir ein staatsfeindliches Element sind. Unsere Texte wurden kontrolliert, unsere Probenräume besucht, und bei einigen Tourneen fanden größere Straßenschlachten zwischen unseren Anhängern und der Polizei statt. Das war nicht unbedingt politisch motiviert, sondern lag daran, daß die Polizei eine Kraftprobe haben wollte. Bei einem Konzert kamen zwei Einsatzleiter mit Helm rein, gingen mitten durch die pogotanzende Masse von 500 Zuschauern und forderten: »Ihr müßt leiser drehen!«

Natürlich rissen wir sofort die Fenster auf und stellten die Anlage lauter. Obwohl das Konzert zu Ende war, stürmten sie mit einem Wahnsinnsaufgebot von 150 Typen um die Ecke. Die Leute wollten nach Hause gehen und prallten auf die Polizei, da mußte es zur Straßenschlacht kommen. Dieser Abend zog eine Reihe von Schlachten nach sich, weil sich das rumgesprochen hatte. So kamen wir bundesweit in den Polizeicomputer und wurden von da an immer gecheckt, wenn wir in irgendeiner Stadt auftraten. Für uns war das ein Abenteuer, wir fühlten uns wichtig, ein Ritt auf dem Vulkan, den wir genossen ...

Wart ihr politisch aktiv? In der Friedensbewegung oder der Anti-AKW-Szene?
▶ Schon immer waren wir bei diesen Themen und entsprechenden Aktionen mit dabei. Mitte der Achtziger war ja der Protest gegen die Wiederaufbereitungsanlage in Wackersdorf groß. Zum erstenmal wurden wir persönlich von den bekannteren deutschen Bands zu einem Protestkonzert eingeladen. Das war quasi die offizielle Anerkennung durch Bands wie Grönemeyer oder *BAP*, die damals auf ihrem Höhepunkt standen. Wir waren auf unsere Art Anarchisten und dementsprechend auch Sympathisanten der Hausbesetzerszene. Aber auf unsere eigene Art, und das erkannte diese Szene an. Wir sangen nie irgendwas, was wir nicht auch so meinten. Wölli hat lange Zeit in einer besetzten Straße gelebt, viele unserer Roadies auch.

Hattet ihr auch Kontakte zu Fans jenseits der Mauer?
▶ Unseren ersten Applaus bekamen wir 1984 in Budapest – ein irres Erlebnis. Die Leute schlugen sich vor der Bühne und zogen Blumen aus der Tasche. Wir wußten überhaupt nicht, wie wir damit umgehen sollten. Das war das erstemal, daß Leute wirklich Zugaben wollten und wir sie ihnen nicht aufdrängen mußten. Als die Mauer noch stand, fuhren wir öfter under cover rüber und spielten in Ostberlin, als Messe getarnt. Vorher trat der Pfarrer auf und hielt irgendwelche Ansprachen, dann spielten wir im Keller der Kirche vor 30 Leuten, ganz leise, nur mit Schlagzeug und einem Verstärker. Wenn das Publikum anfing zu tanzen, war das schon lauter als die Anlage. Wir kannten einen Freak aus Westberlin, dessen Hobby der Schmuggel von Sowjetfahnen von Ost- nach Westberlin war und der Kontakt zu Leuten im Unter-

grund hatte. Er machte uns mit der Punkszene im Osten bekannt und sorgte dafür, daß die Auftritte zustande kamen. Das war sehr konspirativ, mit Sichaufteilen in kleine Gruppen und dann über die Grenze. Wir wurden nie erwischt, aber stellten im nachhinein fest, daß eine Akte über uns angelegt und ein Transitverbot geplant war. Dann fiel die Mauer ...

Düsseldorf ist ja nicht gerade der Nabel der Welt. Wie habt ihr den Mauerfall erlebt?
▸ Das ist natürlich wieder so ein Spruch eines Berliners, der denkt, er lebt im Zentrum des Universums ... Ich als Düsseldorfer habe den Vorteil, nie dem Irrglauben aufgesessen zu sein, in einer europäischen Hauptstadt zu leben, wie ihr Berliner. Wir saßen an dem Abend, als die Mauer fiel, in Paris, wo wir am Vorabend ein Konzert hatten. Im Fernsehen kamen die Bilder ohne den Ton des Kommentators: ungläubige Gesichter aus Trabanten-Autos, die über die Bornholmer Brücke fuhren. Wir schnallten sofort, daß da irgendwas nicht in Ordnung ist. Nachdem wir zu Hause angerufen hatten, standen wir auf, setzten uns ins Auto und fuhren nach Berlin. Am nächsten Tag waren wir in Berlin, an den Pornoshops standen riesige Schlangen, an den Kaufhäusern drückten sich die Leute die Nasen platt ... Es war klasse: Die alten Chefs waren weg, die neuen noch nicht da, ein tolles Anarcho-Feeling. Die ersten Tage waren eine Superparty. Wir alle wußten: Das ist Geschichte, der geilste Moment, den du historisch erleben kannst.

Was hat dich in dem Jahrzehnt noch besonders bewegt?
▸ In den achtziger Jahren war der *FC Liverpool* unumstritten der beste Fußballverein der Welt. Über die Art und Weise, wie die Mannschaft aus dem Busineß gedrängt wurde, bin ich dermaßen stinksauer ...

Du meinst die großen Zeiten von *Liverpool* mit Ian Rush?
▸ Noch vor Ian, das Team mit Kenny Daglish. Sie erlebten dieses Europapokalfinale in Brüssel mit den schlimmen Krawallen. Wir wollten zum vierten Mal Europapokalsieger der Landesmeister werden und wären dann knapp hinter *Real Madrid* gewesen. Dann kam es zu dieser schrecklichen Auseinandersetzung mit Toten im Stadion. Ich sah das alles in einer Kneipe im Fernsehen und hatte Tränen in den Augen. *Juventus Turin* schoß dann tatsächlich ein Tor, obwohl das Spiel unter skandalösen Umständen längst hätte abgepfiffen sein müssen, und der Cup ging nach Italien. Wegen der Krawalle wurde der *FC Liverpool* sieben Jahre von der europäischen Bühne verbannt. Ich interessierte mich dann jahrelang nicht mehr für Fußball. Erst Jahre später ging ich wieder in Düsseldorf zu *Fortuna*, weil Breiti da immer hin wollte.

Wenn du die Jahre persönlich beurteilen müßtest: Waren sie für dich ein gutes Jahrzehnt?

► Absolut. Wir gingen in das Jahrzehnt rein als musikalische Vollamateure, und Ende der Achtziger stellte sich heraus, daß wir damit auch Geld verdienen können, daß das eine berufliche Alternative ist. Dazwischen lag für mich das Abitur, ein kurzer Besuch bei der Bundeswehr, mein Zivildienst in einer Nervenheilanstalt – die schönste Zeit in meinem Leben. Für mich waren die Achtziger Anarchie pur. Alles, was ich an echt harten Drogenerlebnissen hatte, war in dieser Zeit. Wie oft ich in der Zeit morgens um sieben im strömenden Regen aus der Gosse gezogen wurde, weil ich einfach auf die Straße geknallt bin, kann ich gar nicht zählen. Wir haben im Suff Autos geklaut und versucht, in einen Mercedes reinzuheizen, wir haben alle Drogen ausprobiert. Rückblickend hatte ich wahnsinniges Glück, nie erwischt worden zu sein. Ich bin mit Leuten durchgedreht, die später, Ende der Achtziger, voll auf Heroin waren. Wir wollten einfach wissen, was los ist. Am Ende des Jahrzehnts hatten wir uns unser Stück Kuchen vom Leben geholt …

KEBABTRÄUME
An Englishman in Berlin

■ Von Trevor Wilson

»Wo warst du, als die Mauer fiel?« Wenn diese Frage eine Schallplatte wäre, hätte sie schon längst zehnfachen Platinstatus. Zu diesem historischen Zeitpunkt war ich seit sechs Jahren Wahl(west)berliner, überzeugter Ostfan und im polnischen Krakau.

Der Beginn des Punkrock in England war die Zeit meiner politischen Erwekkung. Als zwei Jahre später eine gewisse Frau Thatcher die Macht übernahm, wurde es Zeit, meinen Horizont anderswo zu erweitern. Ich ging nach Deutschland. Aus unserer Bibliothek hatte ich *Die Geschichte des Sozialismus in Deutschland* ausgeliehen. Mit meinen neuen Kenntnissen war ich bewaffnet und zum Kampf bereit!

Ironischerweise war mein erster Job der eines Messebauers auf der Leipziger Frühmesse. Alles, was ich dort sah, war: Lenins Lehre lebt! Das demokratische Deutschland feierte gerade Vlads Hundertsten. Irgendwie war es wie in einem schlechten Film. Ich war begeistert und quasselte die Einheimischen voll, zum Horror meiner Westkollegen.

Ich wollte mit ihnen über Marx, Engels und die Globalisierung des Sozialismus diskutieren. Leider waren die Unterhaltungen eher schlicht. Erstens gab es mit meinem und ihrem schlechten Deutsch Probleme, und zweitens war der Sozialismus für sie nicht interessant. Mit Bier und Bob Dylan ging es dann ordentlich zur Sache. Nach fünf horizonterweiternden Tagen mußte ich »Leipsch« verlassen und zurück in die neue Heimat: Remagen am Rhein. In diesem idyllischen Ort lernte ich 1980 die – noch nicht so genannte – Neue Deutsche Welle im Form von *DAF, Fehlfarben* etc. kennen und probierte auch selber mein Glück als Musiker.

Drei Jahre später war meine Musikerkarriere vorbei. Ich zog nach Berlin mit dem Gedanken, mir eine goldene Nase mit den Produkten anderer Künstler zu verdienen. Für eine Weile lief mein Kassettenvertrieb recht gut. Auf dem Flohmarkt verkaufte ich Bootlegs, unter anderem einen Live-Mitschnitt von Nena aus dem englischen Birmingham. Ich hatte ihn zufällig in London erworben, als Nena dort spielte. Später am Abend traf ich ihren Keyboardspieler Uwe Fahrenkrog-Petersen im *Camden Palace* und erkundigte mich, ob er mir einen benutzten Schlüpfer von Nena besorgen könne. Während er mit Entsetzen im Gesicht versuchte mich abzuwimmeln, stahl ich seine Champagnerflasche. Danke, Uwe!

Zwei Monate später sah ich ihn auf dem Flohmarkt und fragte, ob er mir die Bootlegs seiner Band unterschreiben könne. Wieder war er entsetzt. Einige Wochen danach zeigte Nena mich an. Eine saftige Strafe später war auch diese Karriere vorbei.

Im September 1986 kamen meine derzeitigen (und viel später Kurt Cobain's) Helden nach Berlin: die *Wipers*. Kein Geld und ein ausverkauftes Konzert brachten mich auf die Idee, ein Fanzine zu gründen und die *Wipers* zu interviewen. Das klappte prima! Ich verkaufte meine schwarze Fender-Baßgitarre, um mit Anne, meiner damaligen Frau, *Ich und mein Staubsauger* zu gründen. Nummer 1 hatte eine 200er Auflage auf ungebleichtem, umweltfreundlichem Papier. Gut zwei Drittel gingen innerhalb von zwei Wochen weg. Im folgenden Monat erschien Nummer 2 in einer Auflage von 400 Exemplaren auf gebleichtem, umweltfeindlichem Papier. Wieder ein Erfolg. Plötzlich hatten wir »Celebrity Status« und wurden überall von »Medienschleimtieren« eingeladen.

Diese Leute schlachteten wir in der nächsten Ausgabe und erhöhten die Auflage erneut. Man dachte, es wäre Satire, aber wir meinten es ernst – ein Kult war geboren. Er blühte weiter, als ich einen bekannten Bekannten fragte, ob er uns ein Interview geben könne. Als er meinte, Interviews seien ordinär, schlug ich ihm vor, er solle sich selbst befragen. Er tat's, das Ergebnis war lustig, und wir verkauften noch mehr *Staubsauger*. Das war der Start einer großen Medienkarriere für Max Goldt. Jeden Monat gab es Onkel Max zu lesen, bis zum bitteren Ende.

Für meinen ersten Artikel über *Die Toten Hosen* traf ich Campino im Berliner Club *KOB*. Wir verstanden uns auf Anhieb gut. Danach nutzten wir die *Hosen* bei jeder Gelegenheit für irgendwelchen Unsinn aus. Einmal verlosten wir sogar ihren Tourbus!

Nach einem *Fura-Dels-Baus*-Auftritt im Berliner *Tempodrom* fand Max einen Zettel mit Namen und Adresse von R... Sch... und meinte, der Typ sei eklig. Da Max recht hatte, druckten wir den Zettel und seinen Kommentar. Der ekelhafte Mensch verklagte uns daraufhin und bekam vom Berliner Pressegericht recht. Wir mußten zwar dem Ekelhaften nichts zahlen, aber die Kosten für Anwalt und Gericht tragen. Wir brauchten schnell Geld und fragten Campino & Co., ob sie uns helfen würden. Wir arrangierten einen Deal: *Die Toten Hosen* spielen ein Benifizkonzert für uns, und wir organisieren für sie ein Konzert in Ostberlin.

Die *Hosen* spielten im ausverkauften Berliner *Blockschock*, allerdings ohne Campino, der am Vorabend mit mir um die Häuser gezogen war und unterwegs seine Stimme verloren hatte. Trini Trimpop, der damalige Manager, sprang ein. Die *Hosen* hatten ihr Versprechen gehalten, wir hielten unseres.

Ich galt zu diesem Zeitpunkt als Ostberlin-Kenner und hatte etliche Mal den

»besten Themenpark der Welt« (25 DM Eintritt und alles inklusive, Essen und Getränke umsonst!) besucht, oft mit meinem Freund Mark Reeder von MFS, dem ehemaligen *Tote Hosen*-Soundman. Wir kannten Ostberliner, die in der Untergrund-Musikszene tätig waren, und hatten wenig Probleme, ein Konzert zu organisieren. Durch Mark traf ich Steve, einen punkrockliebenden amerikanischen Soldaten. Am Tag vor dem Konzert brachte Breiti Kuddels Gitarre vorbei, damit Steve sie im Auto nach Ostberlin bringt. Er hätte sich mit der Aktion seinen Job und das anschließende Studium völlig vermasselt, wenn er erwischt worden wäre.

Ort des Geschehens war die Hoffnungskirche in der heutigen Elsa-Brandström-Straße. Die *Hosen* waren als Punkband aus Dresden angekündigt und sollten mit *Die Vision* auf einem Solidarität-für-Rumänien-Konzert spielen. Der Pfarrer bekam irgendwie Schiß, und das Konzert wurde auf den Platz vor der Kirche verlegt. Es wurde ein großartiger Auftritt.

Anschließend gingen wir mit den *Hosen* und 25 Ostberliner Punks in das vorher von Steve (Militäruniform) und mir (Anzug und Schlips) gebuchte »Nobelrestaurant« *Haus Budapest* an der Karl-Marx-Allee. Dort war man irgendwie schockiert und wollte uns nicht haben. Erst als wir mehrere hundert Ostmark (der legale Militär-Umtauschkurs lag bei 1:8) auf den Tisch legten, war alles wieder in Ordnung – ein Tag, den zwei Briten, ein Ami, acht Westdeutsche und 500 Ostberliner nie vergessen werden.

In jenem Jahr begruben wir *Ich und mein Staubsauger,* nach dem Motto »Lieber jetzt sterben, bevor man alt wird«. Im darauffolgenden Jahr fuhren Mark und ich nach Rumänien, um das Schloß von Dracula zu finden. Jetzt aber die Geschichte, wo ich war, als die Berliner Mauer fiel …

Trevor Wilson ist ein *Arsenal*-Fan mit *Hertha BSC*-Dauerkarte, der in Berlin lebt. Er ist 1,76 Meter groß, wiegt 67 Kilogramm und hat grüne Augen. Er haßt Katzen, Bärte, Sandalen und Lederhosen. Er mag anspruchsvolle Popmusik, seine Familie, Joghurt und Geld. In den Achtzigern entdeckte er für sich traditionell deutsche Gerichte wie Döner Kebab mit Sauce und Börek.

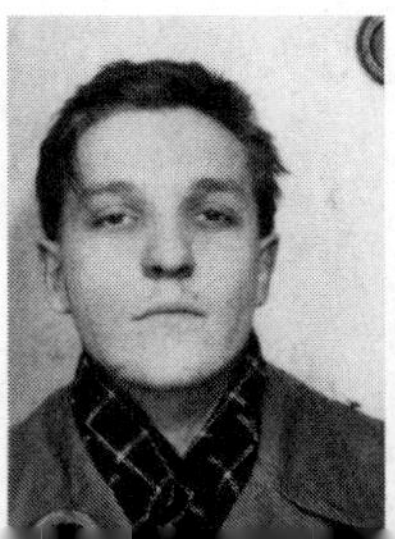

Unser Gelöbn
Frieden für uns, für alle, für

Tasse
Kaffee
DM 2,—

MUSIK

THE LOOK OF LOVE
Der Klang von Geld

■ **Von EC Zander versus Albrecci**

Es gibt Dinge, die fallen einem wirklich leicht. Zum Beispiel auf einer Handvoll Seiten die Musik der achtziger Jahre zu erzählen ... oder einer Türklinke einen Purzelbaum beizubringen. Zum Glück gibt es zumindest zwei Möglichkeiten: entweder viele Namen in eine Reihe stellen und dann schnell weglaufen oder ein paar Neuigkeiten nicht unerwähnt lassen, die uns auch später noch zu schaffen machen sollten.

Die Jahre waren produktionswütig. Wie jeder weiß, waren plötzlich diese kleinen Kästen mit Knöpfen in Mode, die zärtlich Synthies genannt wurden und das Produzieren mit entsprechender Wirkung erheblich verbilligten. Niemand mußte mehr jahrelang Etüden schrubben, um wenigstens einmal *Blowing in the Wind* hinzubekommen. Einfach den Sequencer andaddeln, die Hand auf ein paar Tasten fallen lassen und drauflossingen – ein Verfahren, das unter dem Motto »Synthie-Pop« immerhin geniale Bands wie die *Pet Shop Boys, Bronski Beat* oder auch *Depeche Mode* hervorbrachte. Mit dieser problemarmen Musizierweise ist es zu erklären, daß in den Achtzigern pro Woche mehr Platten herauskamen als vorher in 100 Jahren. Vielleicht geriet damit alles auch etwas oberflächlich, uninspiriert und spirituell, aber eben auch diesseitig und sehr direkt. Als ob bei einem Fernseher die Farben zu grell eingestellt sind.

All das als Ergebnis der großen Zerstörung: Punk war zwar noch existent, aber eigentlich vorwiegend eine schlichte Beschallung des Haste-mal-ne-Mark. Auf den Trümmern entstand die Bügelfalte des New Wave *(Associates* oder *OMD*, am Anfang noch *Eurythmics, Japan* oder *Cabaret Voltaire)* und noch bügelgefalteter die New Romantics *(Culture Club, ABC, Duran Duran, Spandau Ballet)*.

Style, gute Kleidung, bedeutende Frisuren und eine gewisse Strenge wurden wichtig. Neonlicht und Cocktails. Mit einer sanften Brise Jazz. Yuppies – nicht denkbar ohne *Matt Bianco* oder dem *Smooth Operator* von Sade. Und über allem schwebte das federleichte *Steppin' out* von Joe Jackson.

Die Jahre waren zynisch. Man fing langsam an, das große Musikgeschäft zu schnuppern, das wirklich große Geschäft. Zum erstenmal dachten Leute über Marketing, Strategien, Konzepte nach, die mit der Musik immer weniger zu tun haben sollten. Es war die Zeit, in der die Rock- und Popwelt drohte, ihre Unschuld komplett zu verlieren. Daß das im Endeffekt gut war für die Rock- und Popwelt, sollte sich erst später herausstellen. Damals quälte man sich ein bißchen damit herum.

Manche Künstler begriffen das recht zügig, drehten den Spieß um und schlossen erst einmal saubere Verträge, bevor sie ein Instrument in die Hand nahmen. Prince war so ein Fall und Matt Johnson, der die One-Man-Band mit dem unübertroffenen Namen *The The* gründete. Noten, Gitarren und Gesänge traten beschämt in den Hintergrund. Werbung wurde wichtig, Image, Frisuren und Styling – und natürlich Videos. Ja, die Popmusik bekam Bilder und einen dazugehörigen Sender, der diese bewegten Musikbilder in alle Welt sendete.

MTV existiert seit 1981 in den USA und seit 1987 in Europa. Plötzlich ging nichts mehr ohne Videos, die oft wichtiger und interessanter waren als die Songs. Es ging aber auch nichts ohne Maxisingle-Versionen und Remixes und Picture-Discs. Die Produktions- und Verbreitungstechnologie ritt im Schweinsgalopp durch das gesamte Jahrzehnt. Der springende Punkt: Damals war das neu!

Ein gewisser, heute fast vergessener Trevor Horn machte sich mit einem neuen Berufszweig wichtig – dem des Produzenten, der die Songs von *Frankie goes to Hollywood* oder Grace Jones mit Sound einpinselte. Producer wie Bill Laswell, Sly & Robbie, Ann Dudley von *The Art of Noise*, Youth von *Killing Joke* oder Daniel Miller, der Haus- und Hofproduzent von Mute Records, hatten Traumjobs mit Bestandsgarantie. Die Karriere dieser Leute hielt mitunter länger als die der Bands, die sie betreuten. Der Ambiente-Chef Brian Eno zauberte aus der heroischen Irlandband *U2* eine völlig neue Sicht auf die Welt des Klangs – wenn man die Gitarre in *New Years Day* einmal gehört hat, vergißt man sie nicht mehr. Dieser Brian Eno formulierte dann auch den einzig intelligenten Kommentar zur CD, die in den Achtzigern innerhalb weniger Jahre quer durch den Markt kullerte und selbigen komplett aufräumte: »Was mich irritiert, ist diese Stille zwischen den Noten.« Und das meinte er ernst, kein Quatsch!

Was den Rausch des Sounds betrifft, so geht die Sage, daß Prince nach Großbritannien reiste und bei Phil Collins klingelte, um dessen gekacheltes Badezimmer genauestens zu vermessen. Er wollte nämlich exakt den Sound der Snare Drum nachempfinden, den Collins für *In the Air tonight* dort aufgenommen hat – übrigens, wenn man ehrlich ist, Collins' einzig überliefernswerter Song, der jahrelang heftiges Schmusen bei der Gemeinde auslöste.

Der erste Musikcomputer, der auf Plattencovern wie ein Instrument aufgelistet wurde, war das Synclavier. Und dessen Erbauer paßten genau auf, damit diese streng geheime Pentagon-Technik nicht in falsche Hände geriet, zum Beispiel jenseits des Eisernen Vorhangs. Kate Bush hatte eins, Peter Gabriel oder Herbie Hancock, der sich durch *Rockit*, den ersten komplett synthetisch erstellten Number-One-Hit, qualifiziert hatte.

Es gab Leute, die kauften sich eine Platte oder eine CD nur wegen des schicken Sounds. Oder wegen dessen Gegenteil: *Jesus and Mary Chain* reagierten mit viel Ironie auf die Dominanz des scheinbar Nebensächlichen, indem sie den zahnziehenden *Psychocandy* veröffentlichten, was als schlichtweg genial verstanden wurde. Es klang, als sei die Nadel verschmutzt.

Schließlich war es ein anderer Mißklang Ende der Achtziger, der den Acid-House-Trend lostrat – vom *Roland-TB 303*, auf dem die knarzenden Geräusche zusammengefummelt wurden, die viele Leute zu Tode erschreckten, jüngere Trendkundige aber entspannt zum Tanzen animierten. Ach, diese seelenlosen Computer, über die sich die übriggebliebene Latzhose ausschweifend beschwerte. Sie übernahmen die Macht, diese schrecklichen Dinger.

Aber wie man mit ihnen arbeiten mußte, machte am Anfang des Jahrzehnts ein Mann vor, der vermutlich nichts über sie wußte: Quincy Jones. Er bastelte aus lauter Einzelteilen das Meisterwerk *Thriller*, dessen Sänger Michael Jackson hieß. Das war Samplen ohne Computer, ganz analog, mit Tonbändern und einer Schere in der Hand. Diese Platte ist eines der wenigen Beispiele dafür, daß Qualität Erfolg haben kann. Und der war wirklich nicht knapp bemessen – nicht zuletzt gab es bis dahin kein Album, aus dem so viele Singles generiert wurden.

Na klar, es gab auch Saurier in dieser Dekade. Nicht wegzubomben, mega-groß. Einmal die alten Degen mit ihrem glorreichen Comeback: Bruce Springsteen, Stevie Winwood, der spätere Grünbierbeschaller Joe Cocker und Tina Turner, deren *Private Dancer* eine echte Überraschung war und vielleicht das größte Comeback der Zeit. *Genesis* hatten ihr Bombastgetüftel in die Hitparaden verlegt, und deren Ex-Sänger Peter Gabriel zeigte mit *Sledgehammer*, wo derselbe hängt. Viele Stars waren das Ergebnis besagter Konzepte. Die drei Ikonen hießen Madonna, Prince und Michael Jackson. Sound, sexuelle Provokation in Text und Video, Tanz – wer hat nicht den *Moon Walk* geübt – und, na ja, wirklich gute Musik.

Die Live-Situation veränderte sich gründlich. Die Performance trat in den Vordergrund. Der Hang zum Playback war zwar manchmal etwas ärgerlich, aber man gewöhnte sich ziemlich schnell daran. *Bronski Beat* stellten ein Tonbandgerät und den Sänger auf die Bühne, beides wurde angeknipst, und man fragte sich, ob man nun die knödelnde Stimme, den *Small Town Boy* oder die zugegebenermaßen erregende Tanzperformance von Jimmy Somerville klasse finden soll. Für die Synthiebands und Konzeptduos wie *Yello* oder die *Pet Shop Boys* war es fast unmöglich, live aufzutreten. So vermieden sie es tunlichst.

Ein paar Leute nahmen schon mal Anlauf, um dann in den Neunzigern richtig Schwung zu bekommen oder bereits ihr erstes Comeback zu häkeln. Aber Hits hatten sie: Bryan Adams, *U2, Depeche Mode,* Neneh Cherry. Na ja, und die *Rolling Stones* probierten etwas durchaus Plausibles: Sie versuchten redlich, sich zu trennen, was allerdings nicht so recht klappen wollte. Die *Glimmer Twins* küßten und schlugen sich, um dann mit *Mixed Emotions* das definitive Rock'n'Roll-Statement der Achtziger abzugeben. Aber die wirklich zarteste Versuchung, seit es Popmusik gibt, war unkopierbar *Bananarama.* Wer den Glamour und den Style des Pop der Achtziger verstehen will, kommt an diesem Damentrio nicht vorbei. Niemals!

Lediglich zeitverschwendend war ein Grabenkrieg, über den man heute nur noch breit grinsen kann: Indie kontra Major. Die Indies waren die von der Industrie unabhängigen »kleinen« Labels, die wie David gegen den Goliath der Multis antraten. Damals konnten ja noch viele Leute alles in Weiß gegen Schwarz, Richtig gegen Falsch, Gut gegen Böse einordnen. Indie war jedenfalls gut, und Major war böse, unmoralisch, ein fieses Geschäft, das Gegenteil von bedeutend und von Qualität. Ein Glücksfall war *Blue Monday* von *New Order,* so daß sich die Hitfeindlichkeit mancher Indie-Fans in Grenzen halten konnte.

Die Dance-Ära der späten Achtziger basierte komplett auf Independent-Produktionen, die locker die hochambitionierten Indie-Charts in Beschlag nahmen. Dennoch soll es Leute gegeben haben, die einen Kongreß mit eingebautem Festival und selbstverordnetem Indiezwang organisierten – aber das ist sicher nur ein Gerücht. Solche Haßobjekte wie *Stock-Aitken-Waterman* waren strenggenommen auch Indies, die jenseits der Majors ihren Stereotyp-Pop produzierten, mit weltweitem Erfolg. Jeder, der Radio hören mußte, kann noch heute fehlerfrei die Hits von Kylie Minogue und Rick Astley mitsingen.

Überhaupt das Radio. Es entstand, was irgendwann auf die Musik zurückschlug: das sogenannte Format-Radio, das meist privater Natur und wenig darauf bedacht war, ambitionierte Klänge zu versenden, sondern die immer gleichen Hits, die sich möglichst nicht voneinander unterscheiden sollten. Genau das haben *Stock-Aitken-Waterman* begriffen. Sie schrieben im Prinzip nur einen Song und reproduzierten den mehrfach, um ihn auf verschiedene Stimmen/Typen/Produkte zu pfropfen. Das war spitze!

Ja, und denkt man an Deutschland, ist man sicherlich nicht um den Schlaf gebracht. Eher kommt es einem vor, als sei es »verdamp lang her«. Da gab es *BAP* und Grönie und Westernhagen und Lindi mit der Gitarre für Honecker und seiner *Andrea Doria,* auf der wieder alles klar ist. Wirklich nostalgisch wird einem

Extrabreit

aber zumute, wenn man anfängt, über die blauen Augen zu grübeln, die einen so sentimental machen, über die Geschichte, die gemacht wird, und über die Schule, die brennt – *Fehlfarben, Ideal,* Nina Hagen, *Spliff, Extrabreit.* Nicht zuletzt und schwer zu unterbieten *Trio*, die mit ihrem *Da Da Da* die Neue Deutsche Welle auf den Punkt und zu ihrem grandiosen Ende brachten. In dieser Runde entstand auch der einzige deutsche Global-Hit, als Nena die *99 Luftballons* steigen ließ. Und immerhin gründeten sich schon damals fast zeitgleich *Die Ärzte* und *Die Toten Hosen*, die das Wunder vollbracht haben, heute noch so jung zu sein wie damals.

Vieles aus der Zeit möchte man gerne vergessen, aber eines läßt noch heute die Zähne knirschen: Benefiz. Aus einer guten Sache wurde ein Trend und, natürlich, ein Geschäft. Der Trick: Bekannte Musiker spielen ohne Gage, und die Einnahmen kommen Bedürftigen zugute. Aber wer weiß, was sich hinter den Bühnen von *Band Aid* oder dem *Nelson Mandela Day* abgespielt hat, wie die Manager ihr letztes Hemd gegeben haben, um eines ihrer »Produkte« auf die Bühne und vor das Massenpublikum tausender Fernsehstationen zu lancieren, der kann erahnen, wie Bob Geldof, Ex-Boomtown-Ratte und Chefinitiator dieser Benefizivals, leiden mußte.

Die letzten Zeilen sollen einer Gattung gewidmet sein, die es nicht leicht hatte, es sich aber auch nicht leicht gemacht hat. HipHop hing nach dem furiosen Start Ende der Siebziger etwas in den Seilen, um dann in der zweiten Hälfte Erfolge zu sammeln: *Run DMC, Beastie Boys, Whodini, Public Enemy* (die aufrechten Kämpfer und genialen Sampler), der superironische Tone Loc und – große Verbeugung! – *Salt'n'Pepa.*

Okay, die Türklinke kann jetzt Purzelbaum, alles rennet, rettet, flüchtet, aber die Musik der Achtziger ist immer noch nicht erzählt.

Weil jeder sein eigener Fachmann in Rock- und Popfragen ist, kann er hier all das eintragen, was sträflichst vergessen wurde: *Tainted Love* von *Soft Cell* – die Single der Achtziger – oder *The Cure* oder ....
....
....

EC Zander: Fritz.head.of.Musik.Promotion.Produktion.

Albrecci liebt Musik. Aber nicht nur. Außerdem hat er in Ehrlichkeit einen anderen Namen. Unter diesem und unter anderem sucht er für FRITZ das Musikprogramm heraus. Ansonsten schnüffelt er in seinem südfranzösischen Trüffelwäldchen herum. In den achtziger Jahren war er auch schon auf der Welt und finanzierte sich durch den Verkauf von Vinylschallplatten.

Albrecci

»DIE ACHTZIGER WAREN EINE UNTERSCHÄTZTE EPOCHE«

Gespräch mit den Ärzten, der »besten Band der Welt«

■ **Von Svenja Baumgärtner**

Der Urknall der *Ärzte* fand 1981 im Berliner *Ballhaus Spandau* zwischen den Köpfen von Farin Urlaub und Bela B. beim Pogen statt. Nach einer kurzen Zusammenarbeit in Belas Band *Soilent Grün* gründeten die beiden 1982 zusammen mit Hans »Sahnie« Runge *Die Ärzte.* Als erste eigene Platte veröffentlichten sie die EP-Single *Zu schön, um wahr zu sein.* Nachdem *Die Ärzte* bei CBS (später Sony) unter Vertrag waren, veröffentlichten sie 1984 ihr Major-Debüt *Debil.* Die »debilen« Texte dieser Platte schlugen bei den Fans voll ein und waren der Anfang des Erfolges von *Die Ärzte.* 1986 flog Bassist Sahnie aus der Band. 1988 kam der größte Hammer für die Fans: *Die Ärzte* lösten sich auf. 1993 kam es jedoch auf Farins Initiative zur Reunion, und mit Rodrigo Gonzales als Bassisten im Trio feierten *Die Ärzte* ein triumphales Comeback.

Was macht für euch die Achtziger als Epoche aus?

▸ Rod: Der Hamburger Punkrock, der sehr harte Züge hatte, sehr rauh und schnell war. In Berlin war alles mehr so künstlerisch, das nannten wir »Elektroscheiß«. Und dann die extremen Demos, zum Beispiel PLO- und Anti-Springer-Demos.

▸ Farin Urlaub: Maxi-Singles, die total klasse waren. Die schönste Maxi-Version – *Die Ärzte* sind hierbei natürlich außen vor – war *Flesh for Fantasy* von Billy Idol. Heute ist die Maxi-Single an und für sich völlig aus der Mode. *Flesh for Fantasy* war wie 'ne völlige Neukomposition aus dem vorhandenen Bandmaterial zusammengesetzt. Dann gab's *Shout* von *Tears for Fears*, auch eine absolut großartige Maxi-Single. Die Achtziger waren eine unterschätzte Epoche. Grundsätzlich war es das modischste Jahrzehnt. Kann aber auch sein, daß das nur auf meinem eigenen Interesse beruht und Mode mich heute einfach nicht mehr so interessiert.

▸ Bela B.: Das Wichtigste für mich waren Heavy-Metal- und Splatter-Filme. Die gab's zwar schon in den Siebzigern, aber in den Achtzigern, zumindest bis etwa

1987, wesentlich häufiger. Dann war für mich noch wichtig, daß ich Pornograph geworden bin, das heißt 1986 das *Hustler-Magazin* für mich entdeckt habe, das ich fast monatlich kaufe (das amerikanische *Hustler* natürlich), und daß die Pornoszene wirklich sehr, sehr lustig war. Obwohl die Outfits so schrecklich waren, muß man sagen, daß die Achtziger-Jahre-Pornos noch Stories hatten. Die Pornodarsteller sahen aus wie die Seriendarsteller zur gleichen Zeit. Wenn du dir die Frauen der bekanntesten Serien wie *Ein Colt für alle Fälle* oder auch *Dallas* oder *Denver* anguckst und sie dir nackt vorstellst, dann hast du 'nen Achtziger-Jahre-Pornofilm. Und Tätowierungen. Was Piercing für die Neunziger ist, waren Tätowierungen für die Achtziger. Obwohl Tätowieren heute natürlich immer noch mega-in ist.

Habt ihr denn die Mode mit allen Geschmacksverirrungen mitgemacht?
▸ Rod: Klar trug ich auch schäbige Klamotten. Wenn ich mir die heute im Schrank angucke, falls ich sie überhaupt noch habe, muß ich laut lachen.
▸ Bela B.: Es gab so ein paar Outfits … Leatherchaps zum Beispiel, die Schwule noch heute über der Jeans tragen. Bei denen sieht es allerdings cool aus, auf jeden Fall bei Leder-Schwulen. Ich würd mir auch nie wieder einen Schal an den Gürtel machen. Das machte ich damals oder trug bunte Spitzenschals um den Arm. Wer wissen will, wie ich aussah, der sieht in *Richie Guitar* gleich drei oder vier dieser Outfits. Bei Cowboystiefeln bereue ich, daß ich die alle verkauft habe. Aber was soll's, ist halt passiert.
▸ Farin Urlaub: Ich hab nicht alle Geschmacksverirrungen mitgemacht, aber sehr viele.

Was waren denn deine Lieblings-Outfits?
▸ Farin Urlaub (lacht schallend): O Gott! Also okay, es gab doch mal dieses Malcolm-McLaren-Video *Buffalo Girls*. Zu der Zeit war ich in London zu Besuch bei einem Punkrock-Kumpel. Der malte sich immer mit Theaterschminke 'nen dicken Balken über die Augen. Das fand ich total aufregend und hab's gleich mitgemacht. Wieder in Berlin, dachte ich, okay, jetzt bist du mal ganz smart. Wenn wir abends ausgingen, wir waren zum Beispiel sehr viel im *Linientreu*, machte ich mir auch so 'nen Streifen über die Augen. Mit dem ich mir solange cool vorkam, bis mich irgendwann der Türsteher auslachte und meinte: »Ach kiek ma, 'nen Waschbär.« Das hörten natürlich alle meine Kumpels und Kumpelinnen, und es war dann schnell aus damit. Das war schon ziemlich klasse peinlich.

Aber zu Karottenhosen outet ihr euch jetzt nicht auch noch, oder?
▸ Bela B.: Ne, also ich hab nie Karottenhosen getragen, ganz sicher nicht, aber Farin Urlaub hatte welche. Als ich ihn kennenlernte, trug er 'ne gelbe Karottenhose, auf die er schwarze Karos gemalt hatte.

HORST: POGO 1988
OKAY, DAS NÄCHSTE LIED HAT 320 UMDREHUNGEN PRO MINUTE
UND EINS..., UND ZWEI...
GEIL POGO GEIL POGO
MACH PLATZ DU SACK
GEIL POGO GEIL POGO
OY
ICH WERDE ALT
©PHIL 88

▸ Farin Urlaub: Ne, Karottenhosen hab ich nie getragen, die fand ich schon immer furchtbar. Ich hatte viel schlimmere Outfits, da brauchte ich keine Karottenhose. Als Punkrocker trug ich gelb-schwarz karierte Hosen. Gelb-Schwarz war meine Lieblingsfarbkombination, so hatte ich auch die Haare und 'ne schwarze Lederjacke, auf der hinten mit Gelb von *DAF* draufstand: »Verschwende deine Jugend, solange du noch kannst.« Aber die Hose steckte ich immer in die Socken rin, frag mich nicht, warum.
▸ Bela B.: Und dadurch, daß die in den Socken steckte, plusterte die sich auf, wie 'ne Karottenhose. Also ich vermute, daß das 'ne Karottenhose war, vielleicht sah die aber auch nur so aus.
▸ Farin Urlaub: Und unten hatte ich Springerstiefel aus 'nem Armeeshop oder irgendwelche Turnschuhe an, von denen einer gelb und einer schwarz war. Also ich sah zum Schießen aus. Das war Anfang der Achtziger. Später in den Achtzigern war ich dann ein bißchen gedreßt. Da gab ich mir schon Mühe, cooler auszusehen.

Und was war dein absoluter Griff ins Klo bzw. Nie-wieder-Vorfall?
▸ Farin Urlaub: Also ich werde mich jetzt nicht entblöden, meine übelsten Geheimnisse hier zu offenbaren. O Gott, es gab sehr, sehr viele Griffe ins Klo!

Gehört der Film *Richie Guitar* dazu?
▸ Farin Urlaub: Ich fürchte, da wär ich auch heute nicht schlauer. Wir brauchten einfach die Kohle, sonst hätten wir die Band auflösen müssen. Ich war jung und brauchte das Geld definitiv, das galt für uns alle, außer vielleicht für Sahnie. Als ich dann das Ergebnis in der Uraufführung sah ... Wenn ich mich hätte unsichtbar machen können, hätte ich es an dem Tag gemacht. Das war, glaube ich, einer der schlimmsten Momente meines Lebens. Man wächst auf, sieht Filme wie *Taxi Driver* und denkt so tief drin: Na ja, das kann ich bestimmt auch, und ich seh bestimmt auch total cool aus. Und dann sieht man diesen Film, wo ein unbeholfener Trottel sich Szene für Szene zum Horst macht und scheiße aussieht, und denkt nur: O mein Gott, o mein Gott!

Was war besser?
▸ Rod: Ich war halt noch sehr jung.
▸ Bela B.: Eigentlich gar nichts. Wenn ich heute zurückgucke, waren Klamotten und Mode völlig furchtbar und superschrecklich, auch die Haare! Farin Urlaub hat in den frühen Achtzigern mit wirklich der schrecklichsten Frisur der Achtziger brilliert. Wir vermuten ja auch, daß er den »Blumentopf« erfunden hat, diese Frisur, die zum Teil heute noch von Grufties getragen wird.

Gab es ein persönliches Highlight für euch?
▸ Rod: In Berlin sozusagen neu anzufangen mit Musik. In Hamburg hingen alle

Bands irgendwie zusammen, jeder spielte für und mit jedem. Ich hab die Hamburger Inzucht voll mitgemacht. In Hamburg passierte nicht viel. In Berlin startete ich mit den *Rainbirds* voll durch, das war mein Einstieg in die professionelle Musik. Auf einmal war man ein Popstar.

▸ Bela B.: Ich bin Heavy-Metal-Fan geworden und geblieben bis heute. 1984 waren wir auf Tour, und ich war in Hamburg im *Graf Moltke* mit Matzke, dem Mixer der Tour, in einem Zimmer. Er wollte pennen, aber ich war noch nicht müde und guckte mir die Heavy-Metal-Nacht im *Rockpalast* an. Headliner war *Def Leppard*, zweiter Headliner *Ozzy Osbourne*, glaub ich. Es waren einfach alle da, auch *Judas Priest*, das war echt der Hammer. Ich holte sechs Eimer Bier, die ich mit Matzke, der dann auch nicht mehr schlafen konnte, vernichtete. Der mußte sich mit mir diesen Heavy Metal angucken. Das war 'ne sehr wichtige Sache für mich.

Die größte Band der Achtziger waren für mich auf jeden Fall die *Hanoi Rocks*. Von denen besitze ich bis heute wirklich alles, jedes Booklet, jeden Kram. Dann war ich mal auf 'nem Nena-Konzert, für mich in der Rückerinnerung auch ein Mega-Achtziger-Ding. Als sie ihre Arme hochhob, sah man, daß ihre Achseln nicht rasiert waren – das war in Deutschland im Gegensatz zu Amerika nicht üblich, das fing da erst langsam an. Anhand von Nena entzündete sich 'ne Diskussion darüber, daran kann ich mich erinnern. Als sie ihren *99 Luftballon*-Hit hatte, auch in England und Amerika, regten sich alle furchtbar über die Haarbüschel auf. Sie rasierte sich dann die Achseln und mit ihr Millionen anderer Frauen. Das ist jetzt nicht frauenfeindlich gemeint. Ich glaube, daß das auch die Achtziger und die NDW gebracht haben.

▸ Farin Urlaub: In 'ner Band zu spielen war grundsätzlich ein Super-Highlight für mich. Aber ich erinnere mich an den heiligen Augenblick, als die *Debil* rauskam. Wir waren so 'ne Schissel-Band, der man keine Vorabexemplare schickte. Mit unserer damaligen Managerin fuhr ich an 'nem Plattenladen vorbei. Plötzlich haut sie auf die Bremse und sagt: »Guck mal!« Da standen zwei davon im Schaufenster. Andächtig betraten wir den Laden und kauften sie.

Was hat die Zeit für euch musikalisch bedeutet?

▸ Farin Urlaub: Ich fand die Musik ziemlich gut, die ich so hörte. Rap ging überwiegend an mir vorbei. Frühe Achtziger waren für mich Punkrock und gaaanz viel NDW. Ich war in der Schule der NDW-Experte, was auch üble Blüten trieb. Highlights wie *Hermanns Orgie* befanden sich in meiner Single-Sammlung. Später war es dann auch New Romantic und die ganze New-Wave-Geschichte. Identifizieren konnte ich mich hauptsächlich mit Punkrock und Ska. Die Achtziger gingen für mich nur bis zum Ende unserer Band. 1988/89 zählen für mich schon nicht mehr zu meinem Erleben der Achtziger.

▸ Rod: Sie waren das Jahrzehnt der Rockmusik, und das ist Musik, die ich noch immer höre. Im Endeffekt hat sich nicht soviel verändert. Alles wird in kürzeren Etappen wiedergekaut, innerhalb weniger Jahre werden Epochen wieder revivalt.

Den Hardcore-Punk mit »Scheiß-auf-alles-Texten« gibt's ja immer noch, der hat sich vielleicht so'n bißchen entwickelt in Prollpunk. Die Provokation ist heute natürlich für'n Arsch, aber die war damals schon für'n Arsch. Die wirkliche Provokation fand Ende der Siebziger statt. Bei der NDW war soviel Schrott dabei. Ich bin froh, daß vieles an mir vorbeiging, weil ich am Punkrock interessiert war. Zum Beispiel *Fräulein Menke* live – das war ja schlimm, das war ja echt schlimm. Oder wenn man an Nena denkt, wie die rumlief ...

▸ Bela B.: Die NDW hat mich persönlich überhaupt nicht berührt, das war zwar lustig, aber ich fand nur Punkrock interessant. Die Liebe zu Nena entwickelten Farin und ich, als wir *Die Ärzte* zusammen machten, weil wir irgendwie fanden, daß das gute Popmusik war. Das würde ich jetzt aber nicht als NDW bezeichnen. NDW war 'ne Sache, zu der ich mich nie gerechnet habe und die ich auch nie klasse fand. Daß wir deutsch sangen und schnelle Musik machten, kam eher vom Punkrock, und die NDW bediente sich ja auch beim Punkrock.

Gab es in der Zeit bessere musikalische Chancen?

▸ Farin Urlaub: Auf jeden Fall! Du konntest sagen, du bist 'ne Band aus Berlin, und die Leute ließen dich irgendwo spielen. Mittlerweile gibt es so viele Bands und sowenig Clubs, daß das überhaupt nicht mehr funktioniert. Das war ja auch billiger, kostete nur fünf oder acht Mark. Das Publikum ging zu Bands, von denen es noch nie gehört hatte.

▸ Bela B.: Für Leute, die Musik machten oder Bands hatten, war das Jahrzehnt deutlich besser. Es gab viel mehr Live-Clubs, die jetzt nach und nach pleite gehen. Gerade Anfang der Neunziger hatten viele Clubs einfach nicht mehr das Geld. Ich hab's ja an *Depp Jones* selbst gesehen. Mit 'ner Band wie *Depp Jones* hätt' ich in den Achtzigern wirklich noch Tourneen machen können. Es gab Bands aus Berlin wie *The Smash* oder die *Subtones*, die Deutschlandtouren machten. Das ist heute für 'ne lokale Band unmöglich, die kriegen einfach keine Deutschlandtour zusammen, weil kein Veranstalter das Risiko mehr eingeht.

In den Achtzigern hatten die Leute das Gefühl, ständig was zu verpassen, weil fortwährend eine neue Sache angesagt war. Eben war's noch NDW, dann war's Heavy Metal, dann Glamrock, dann Death Metal. Deshalb rannten die Leute ständig in Konzerte: aus Angst, was zu verpassen. Heute wollen sie nur noch Bands sehen, über die von vornherein gesprochen wird. Die zahlen eher 60 DM, um eine letztendlich abgeschmackte Marilyn-Manson-Show zu sehen, als sich eine lokale Band anzugucken.

▸ Rod: Für Deutschrock boten die Achtziger auf jeden Fall bessere Chancen. Viele deutsche Bands starteten durch, natürlich auch im Zuge der NDW. Wenn man sich die Neunziger anguckt, kommt doch sehr viel von dem, was erfolgreich in den Charts läuft, aus Amerika oder England. Als ich Ende der Achtziger nach Berlin kam, beeindruckte mich, daß Musik tierisch subventioniert wurde. Das heißt, es gab Übungsräume, die nicht viel Geld kosteten, und dieser ganze Kram, so daß man als Musiker gut durchstarten konnte. Das hatte Hamburg nie. Ich sah ohne Ende Bands, die mir vorher kein Begriff waren. Ich war echt erschlagen von der Vielfalt an Sachen, die in Berlin gemacht wurden, etwa die Senats-Rockgeschichten.

Wie waren deine Kontakte zu den *Ärzten*?
▸ Rod: Ich erlebte *Die Ärzte* das erstemal 1984. Sie gaben in der *Fabrik* in Hamburg ein Konzert, das nicht gut besucht war. *Die Ärzte* waren so ein kleiner Aufbruch im System der Alles-Müll-alles-Scheiße-Texte. Sie kamen aus derselben Punkrock-Richtung, führten aber das »Scheiß-Total« ad absurdum, indem sie über Teenager sangen, Liebe und so Poptexte. Das fand ich total mutig. Mich beeindruckte, daß die 'ne Getränkepause machten, so was existierte vorher nicht. Damals dachte ich, das sei Teil der Show. Persönlich lernte ich Bela über Beckmann kennen, als ich nach Berlin zog. Ich hätte mir null vorstellen können, mit denen zusammen Musik zu machen, niemals! Für mich war dieser »*Ärzte*-Kosmos« immer total perfekt. Was sollte ich da, das war doch total stimmig, was die da machten.

Was fällt euch zum Thema »*Die Ärzte* als angesagte Teenie-Band im Berlin der Achtziger« ein?
▸ Bela B.: Wir haben das selber forciert. 1983 waren wir das erstemal in der *Bravo*, noch ohne Plattenvertrag. Das war dann recht komisch: Mädchen übernachteten bei mir vor der Haustür, wollten rein in die Wohnung und Sex haben. Wir mußten uns einen Anrufbeantworter anschaffen, weil wir blöderweise auf der ersten Single unsere Telefonnummer angegeben hatten.
▸ Farin Urlaub: Das war sehr lustig, weil es 'ne unglaubliche Diskrepanz zwischen unserer Berühmtheit und unserem Einkommen gab.

Glaubt ihr, daß ihr in den Neunzigern auch so aufgestiegen wärt?
▸ Farin Urlaub: Na, wenn wir in den Neunzigern angefangen und genau das gleiche gemacht hätten, was wir gemacht haben, wären wir so hoffnungslos out of date gewesen. Ich glaube, wir wären als kleiner Scherz am Rande der Weltgeschichte in die Annalen eingegangen.

Was sind eure drei Schlagworte für das Jahrzehnt?
▸ Rod: Schulterpolster, Haarspray und Kajalstift.
▸ Farin Urlaub: Unsägliche Mode, teilweise auch unsägliche Musik – ich erinnere mal an Bands wie *Culture Club* oder *Matt Bianco*. Und sehr interessant waren die Achtziger auch politisch.
▸ Bela B: *Geniale Dilettanten*, das beschreibt halt die Zeit, die ich zum Beispiel im *Risiko* verbrachte mit Leuten, die mit Schraubenschlüsseln auf Rohren rumhauten und rumbrüllten – einige verdienten damit ja auch Geld, wie Blixa Bargeld mit den

Einstürzenden Neubauten. Dann Heavy Metal. Und Ronald Reagan als politischer Aspekt gehört da auch rein, der Präsident als totale Show und einzige Inszenierung.

Wart ihr selbst politisch aktiv?
▶ Rod: Ich hab mich bei den PLO- und Hafenstraßen-Demos engagiert.
▶ Farin Urlaub: Ich war nicht überwältigt organisiert, war einfach auf ziemlich vielen Demos, nicht als Krawallbruder oder Mastermind, sondern stumpf als Mitläufer. Ich sagte halt, okay, das ist 'ne vernünftige Sache, da geh ich jetzt mitdemonstrieren. Aus den *Ärzten* haben wir mit Absicht Politik völlig rausgehalten. Okay, *Helmut Kohl schlägt seine Frau* war eher ein guter Scherz. Nicht daß wir jetzt wirklich meinten, damit stürzen wir ihn, den Dicken. Ich hab die Achtziger generell als eine politisch gelähmte Zeit in Erinnerung, in meinem gesamten gesellschaftlichen Umfeld. Ich glaube, mit Helmut Kohl begann die große Ära der Frustration, in der man grundsätzlich alles scheiße fand.
▶ Bela B.: Ne, ich war zu sehr mit Selbstzerstörung beschäftigt. Ich war auf ein paar Demos und in einigen besetzten Häusern, aber ich habe zum Beispiel an keinem 1. Mai meines Lebens Steine nach Bullen geworfen. Meine politischen Aktiva kamen erst später mit der KPDRZ [Anmerkung: Kreuzberger Patriotische Demokraten/Realistisches Zentrum, mit der sich Bela B. bei der vorletzten Berlin-Kreuzberger Bezirksverordnetenversammlung zur Wahl stellte].

Was würdet ihr anders machen, wenn ihr per Zeitmaschine zurückkönntet?
▶ Rod: Oh, das ist wirklich schwer. Ich glaub, ich würd's genauso machen.
▶ Farin Urlaub: Ich schätze, wir hätten uns damals schon 'nen anderen Bassisten gesucht, was Sahnie angeht. Ne, ich glaube, sonst würd ich nichts anders machen. *Richie Guitar* würde ich gerne anders machen. Aber ich weiß halt nicht, wie wir uns zu der Zeit sonst Gitarren und Verstärker hätten kaufen können. Vielleicht hätte ich vorher noch 'nen Schauspielkurs besucht oder mich einer plastischen Chirurgie unterzogen.
▶ Bela B.: Wenn mich jetzt jemand fragen würde, ob ich wieder in die Achtziger will, dann aber bitte vor 1983, bevor sie herausgefunden haben, daß es so was wie Aids gibt.

Svenja Baumgärtner, 1966 in Lübeck geboren, pflegte in den achtziger Jahren Hobbies wie die Anfertigung von garantiert fusseligen Mohairpullovern und die Anwendung eines elektrischen Lockenstabs. Von 1991 bis 1993 arbeitete sie bei Radio 4U, seit 1993 ist sie bei FRITZ, unter anderem als Redakteurin. Seit Dezember 1993 hat sie den besten Sohn der Welt, und 1997 machte sie nach nicht ganz 80 Semestern ihren Magister in Linguistik, Publizistik und Politologie an der FU Berlin.

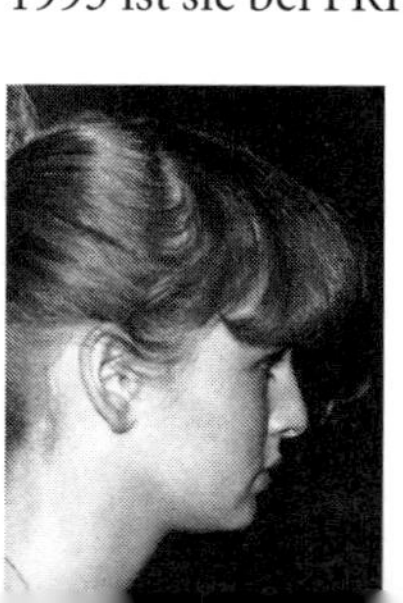

FRÖHLICHSEIN UND SINGEN
Subkultur und Underground in Berlin-Ost

■ **Von Ronald Galenza**

Sid Vicious hatte sich längst die Kugel gegeben und *Ian Curtis* seinen wunderschön-verlorenen Pop-Tod inszeniert. In Berlin-West stürzte die Kongreßhalle ein, bleichgesichtige, pickelige Jungs hämmerten unter Autobahnbrücken und in Kellergewölben ihren apokalyptischen Sound der Neuzeit auf Mülltonnen und Eisenträger. In Berlin-Ost hockten einige enthusiastische Freaks vor ihren Lautsprechern und lauschten begierig den neuen Klängen vor dem Eisernen Vorhang. Junge Leute rasierten sich plötzlich die Köpfe kahl, rissen ihre T-Shirts kaputt und bestellten bei der verdutzten West-Oma Platten mit irritierend aggressiven Covern. Punk war in der DDR angekommen! Zu Beginn der achtziger Jahre feierten Kapellen wie die *Puhdys, Karat, City, Electra* oder *Stern Meissen* noch große Erfolge, füllten die weiten Arenen und beherrschten die sozialistischen Hitparaden.

Nachrückende Combos wie *Silly, Pankow* oder *Rockhaus* traten an, sich ein eigenes, kritischeres Publikum zu erspielen. Doch der authentische Beat wohnte längst woanders. New Wave, Ska und Punk infiltrierte die Großstädte: *Schleimkeim, Rosa Extra, KG Rest, Wutanfall, Der Demokratische Konsum* oder *Klick & Aus* hatten längst keine Lust mehr auf den von den oberen Geschmackskommissaren verordneten Rhythmus und bliesen zur Attacke!

Die Bands probten ihre ersten drei Griffe in Kellern, Gärten und Garagen. Hier wollte Musik als Lebenshaltung zwischen leerstehenden, verfallenen Mietskasernen und schwummrigen Eckkneipen Altberliner Charmes wieder etwas vom Leben; Punk stand für das Anders-Sein-Wollen, als moralischer Aufstand gegen alles Etablierte und als lärmender Protest gegen die erstarrte, demütigende Gesellschaft! Wir wollten einfach anders sein. On the road zu den Blues-Festivals in Thüringen, zu den Hippie-Gelagen der Folklore-Szene, Square-Dance und Rotwein-Sex, zu Freigeistern wie *Brummtopf, Folkländer, Windbeutel* und *Pellkartoffel*. Das Neue, Unbekannte war stärker.

Meine Tage wurden garstiger: Verhaftung im Juli 1980 in Suhl bei einem *Electra*-Konzert, weil ich prügelnde Stasi- und FDJ-Leute fotografierte; Verhaftung in Eisenach wegen verhaltensauffälligem Auftreten. Die Nacht, brillen- und hoffnungslos in einer lichtlosen Zelle. Schlagartig wurde mir klar, etwas mußte anders werden. Haare ab und die selbstgefärbten Latzhosen in den Ofen!

Gerüchte über neue, heiße Punkbands waren in Berlin im Umlauf, geheimnisvoll stromerten wir im Sommer 1980 die Bötzowstraße entlang, auf der Suche nach

Jähzorn

einem illegalen *Rosa-Extra*-Konzert. Die Band *Pankow* gab im Februar 1982 im Berliner *Haus der Jungen Talente* einige Konzerte, einerseits um ihre offizielle Einstufung zu machen, andererseits um eine Live-LP aufzunehmen. Hier trafen sich Fans aller Couleur, und allein wegen der ungewohnt kritischen Texte über den Alltag eines Lehrlings und des rockigen New-Wave-Sounds herrschte euphorisch-ausgelassene Stimmung.

Die Einstufung klappte, aus der Live-Platte wurde erst acht Jahre später etwas. Das Tape des Live-Mitschnitts kursierte später unter den Eingeweihten als hochgehandelter Kultgegenstand. Anfang 1983 gründeten wir unsere eigene Punk-Combo *Jähzorn.* Wir probten mit Netzen voller Bier und Rotwein in leerstehenden Wohnungen und einer Gartenlaube in Berlin-Mahlsdorf. Die Band war die Party! Betrunken zu rocken, Texte zu schreien und stundenlang genialen Krach zu produzieren war für uns Punk, die Musik zur Zeit. Die Freilichtbühne im Treptower Plänterwald wurde zum Mekka der Ostberliner Punks. Hier gab es billiges Bier, gelöste Rummelplatz-Atmosphäre und hemmungslosen Pogo zu den neuen, wütenden Klängen. Danach ritt man in die Gemäuer der Erlöser-Gemeinde ein, um den authentisch dreckigen Punk-Krach einer der neugegründeten Kellerbands zu inhalieren. Platten und Kassetten wurden ausgetauscht, Buttons und Stickers selbst gebaut. Die Straßen wurden bunter. Immer wieder fanden geheimnisumwitterte Konzerte statt.

Bei einem Festival im Oktober 1984 in der Pankower Hoffnungskirche explodierte der Punk förmlich. Die Kirchenvertreter erlebten entsetzt, wie Unmengen Alkohol, Zigaretten, Lust und Wut und dieser erbarmungslose Sound all ihre Ideale an einem einzigen Nachmittag von der Kanzel fegten. Selbst als sich ein Punk beim entfesselten Pogo das Bein brach, interessierte das niemanden. Die Stimmung war explosiv und aufgeheizt.

So verschlug es mich auch im Leben in die Nischen der kontrollierten Gesellschaft: Briefträger, Obstpresser, Maler, Reinigungskraft – ein Weg, den viele als Ausstieg wählten oder gehen mußten. Freiräume wurden kulturell besetzt, man verweigerte sich dem Trott des übrigen Landes.

Lethargie, Langeweile und Legismus wirkten infektiös und lähmend auf jede Kreativität und Spontaneität. Man konnte schon ganz gut am Alltag alle Kraft verlieren. Borniertheit, Arroganz, Dummheit und Muffigkeit legten sich wie ein bleierner Mantel um die Biographien. Viele wurden zynische Spaßtyrannen, andere verzweifelten still. Immer wieder verließen uns enge Freunde, Trauer und Ohnmacht zurücklassend. Viele Innovative wechselten die Systeme. Die Subkultur blutete beharrlich aus.

Ich schlurfte als Domestik durch den Französischen Dom, Heimstatt der Friedrichwerderschen Gemeinde. Immerhin gab es hier Informationen über die Kirchenarbeit, die man durch die offizielle, zensierte Medien-Heuchelei nie bekam. So erfuhr man durch Mund-zu-Mund-Propaganda auch von den Blues-Messen, die ab 1980 mal in der Samariter-, mal in der Erlöser- oder der Auferstehungskirche stattfanden und immer mehr unangepaßtes Volk anzog. Das ergab schrille Abende mit Gebet, Meditation und Predigt, aber eben auch Auftritte von Rock- und Bluesbands oder Liedermachern wie Bettina Wegener, Krawczyk oder Diestelmann. Teile der Kirchenführung wollte neue, junge Leute gewinnen, aber auch den Drangsalierten und Unbequemen Raum bieten.

Viele Gemeinde-Gläubige waren über den freien Umgang mit Alkohol, Tabak oder gar Sex in ihren heiligen Hallen schwer verstört. Die Blues-Messen entwickelten sich immer mehr zu frivol-politischen Happenings, die Grenze war im Juli 1982 mit über 3000 Besuchern erreicht. Sie waren ein gnadenloser Jahrmarkt der Eitelkeiten: besonderes Ansehen genossen die Besitzer von echten Shell-Parkas oder Marken-Jeans. Die einheimischen Bands spielten, wo sie durften und konnten. Dem *Demokratischen Konsum* gelang dabei ein Überraschungscoup: Sie enterten mit ihren Ölfässern, Posaunen und martialischen Stahlhelmen den wuchtigen Berliner Dom direkt gegenüber dem Palast der Republik und erschreckten dort mit ihrem infernalischen Sing-Sang-Säge-Sound an einem sonnigen Sonntagnachmittag verwirrte Kirchgänger und ratlose Westtouristen!

Welch ein Hauptspaß! Neue Klubs öffneten immer mehr neuen, schrägen Kapellen ihre Türen. Die Kunstszene traf sich zu Parties bei Künstlern wie Diller, Scheubarth oder Anderson, zu Lesungen von Papenfuß, Faktor oder Opitz oder bei diversen Ausstellungseröffnungen von Scheffler, Florschütz, Wendisch oder Schlegel, zu Filmen von Schleime, Dambeck, Lewandowski, Hahnemann oder di Roes.

In Cafés wie dem *Mosaik* oder im *Wiener* wurden neue Kunst-Attacken oder wilde Happenings ausgeheckt. Wir langweilten uns bei einer Bohley-Ausstellung in der Samariterkirche, soffen im Maass-Atelier, der Anderson-Operations-Basis, in dem sich auch schon mal wegen der richtigen, harten Musik im Recorder geprügelt wurde. Höhepunkte in der öden Alltagslethargie waren immer wieder die wenigen Konzerte und frivolen Vernissagen befreundeter Künstler, die rauschhaft ausgelebt wurden.

Während die staatlichen Geschmacks-Kommissare noch verzweifelt versuchten, ihren balladesken Konsens-Rock aus kontrolliertem Anbau ans desinteressierte Volk zu verhökern, war uns längst klar, daß wir einen eigenen Laden für die neuen, heißen Bands brauchten. 1986 war es soweit, wir bekamen den kulturellen Fuß in die staatliche Tür. Lars Wünsche und später Ebi Fischel hatten sich Jobs im FDJ-

Kreisjugendklub *Pablo Neruda* in Berlin-Treptow ergattert. Während da noch realsozialistisches Kulturleben und Hippie-Vorträge dominierten, hatten wir längst die Unterwanderungsstiefel an und organisierten die neue Zeit.

Am 23. Februar 1986 fand das allererste der heute längst legendären *X-MAL!*-Konzerte statt: Mit der *Art, die anderen, Koma-Kino, WK 13* und dem geschickt vom offiziellen Festival des politischen Liedes losgeeisten Billy Bragg startete eine völlig neuartige Live-Serie für all die jungen, neuen Bands. Der Anfang war schwer, denn noch regierte die damalige Klub-Chefin nach den verstaubten Regeln des angeschimmelten FDJ-Jugendlebens, das ehrenamtliche Klub-Aktiv lehnte das neue Publikum – Punks, Grufties, New Waver, Rocker oder Ska-Freaks – rigoros ab.

In den nächsten drei Jahren sollten bei der *X-MAL!*-Reihe fast 75 verschiedene Bands auftreten, viele von ihnen das erstemal öffentlich. *X-MAL!* war immer mehr als nur eine Konzertreihe, es war der Treff der neuen, entsprechend unangepaßten Musik, die Leute drängelten sich zu Hunderten auf der romantischen Insel-Brücke. Hier trafen sich alle jungen Musiker, ihre Fans, Macher aus der Szene und unangepaßte Medienleute. Die *X-MAL!*-Mannschaft arbeitete wie ein selbstverwaltetes Projekt unter DDR-Bedingungen. Ein großer Freundeskreis schuftete für ein paar Bier am Abend und den geilen Kick, dazuzugehören. Ansonsten mußte man seinen enthusiastischen Pogo 1986 eher privat tanzen: auf ausgeflippten, überkandidelten Feten und abstrusen Musikabenden.

Diskothek im internationalen Jugendklub des Dresdner Kulturpalastes

Schwer geheim traten die Westberliner *Element of Crime* im Juli in der Zionskirche auf, ein wunderbares Konzert, das leider so geheim war, daß es kaum Zuschauer fand! Also wurde beim anschließenden nächtlichen Gequatsche mit Sänger Sven Regener in der Umweltbibliothek gleich ein neuer Termin ausgeheckt, der bitter werden sollte. Als *Element of Crime* am 17. Oktober wieder in der Zionskirche spielte, diesmal mit der *Firma* als Vorband, eskalierte der Abend und sorgte für starke Erschütterungen bei Stasi, Justiz und Presse. Die Kirche war mit 1000 Leuten hoffnungslos überfüllt, als urplötzlich und völlig überraschend eine Horde von etwa 30 militanten Skinheads die Kirche überfallartig stürmte und mit ungekannter und bis dahin unvorstellbarer Brutalität und Gewalt gegen die Besucher vorging.

Die bis dato beispiellose Prügelattacke aggressiver Nazi-Skins war bestialisch und schockierend. Uns gelang es noch, einigermaßen unversehrt aus dem unheiligen Gotteshaus zu entkommen. Als ich aber einige der Schläger-Glatzen davon abbringen wollte, weiter auf einen wehrlos am Boden liegenden Punk einzutreten, traten sie mir die Brille aus dem Gesicht und malträtierten mich ebenfalls mit Fußtritten und Fausthieben.

Gegenüber der Kirche entdeckten wir einen Einsatzwagen der sogenannten Volkspolizei. Als wir die Uniformierten aber verzweifelt um Hilfe und sofortiges Eingreifen baten, grinsten die nur und meinten, es sei alles unter Kontrolle. Überall rannten panische, weinende Leute herum und schrien ohnmächtig um Hilfe, die durchaus anwesenden Polizisten hielten sich bewußt zurück. Dieser Abend war ein tiefer Schock für die gesamte Szene, weil hier zum erstenmal öffentlich und überaus drastisch Rechtsradikale in der DDR auftraten und die von den Machthabern penetrant wiederholte Behauptung, in der DDR gebe es keinen Rechtsextremismus, bitter Lügen straften.

Danach war für uns nichts mehr wie zuvor. Auch das System zeigte Risse. Einigermaßen unverhofft hob in Potsdam-Babelsberg eine neuer, hochinteressanter Kulturballon ab: die *Off-Ground*-Reihe! Im November startete das erste der interdisziplinären *Off-Ground-Festivals*. Neben Auftritten von *Ornament & Crime* und *Die Schönste Muzisk* beeindruckten Holger Stark mit seiner Performance, Bruno Uno aus der Schweiz und eine gutgemeinte Avantgarde-Modeschau.

Straßenfest des Berliner Jugendklubs »Impuls«

Aber die kulturellen Lockerungen waren nur partiell. In den Provinzhauptstädten regierten die SED-Fürsten weiter mit harter Hand, auch in Berlin war die Lage von Stadtbezirk zu Stadtbezirk unterschiedlich. So brach die Jugendklubleiterin des *Langhansklubs* in Berlin-Weißensee ein Konzert mit *Teuer Denn Je* kurzerhand ab, als der Westberliner Max Goldt von *Foyer des Arts* ungenehmigt die Bühne betrat. Hinter den Kulissen bewarfen sich im Anschluß FDJ, Kultur- und SED-Abteilungen gegenseitig mit Stellungnahmen. Am 9. April schlichen sich die Punks nach Pankow zu einem konspirativen Blitzauftritt der *Toten Hosen* auf dem christlichen Kindergarten-Spielplatz.

Campino und seine wilden Gesellen waren als normale Touristen mit Tagesvisum in Ostberlin eingereist, ließen musikalisch die Sau raus und bekamen, als die überglückliche Punk-Gemeinde immer noch eine Zugabe forderte und die Band nicht vom Spielplatz lassen wollte, doch langsam Muffensausen um ihre rechtzeitige Rückkehr in den sicheren Westen. Im Sommer wickelten die angeschlagen wirkenden Kultur-Obmänner ihren großen Überraschungsbonbon aus und hängten die sozialistische Heizsonne an den düsteren Kulturhimmel. Mit einem Großangebot internationaler Stars und Open-Airs lockten sie die Jugend hinterm erkalteten Alltagsofen hervor.

Denn ein Stachel saß noch zu tief, und die Westmedien wühlten genüßlich in dieser schwärenden Wunde im Fleisch der Machthaber. Als Anfang Juni 1987 im Rahmen der 750-Jahr-Feier des geteilten Berlin vor dem Reichstag Stars wie *Genesis, Eurythmics* und David Bowie aufspielten, scherten tausende Jugendliche vom sozialistischen Pfad aus und verließen den Bitterfelder Weg, um direkt am Brandenburger Tor ihren Lieblingen zu lauschen. Dort, direkt vor der Mauer, eskalierte die Stimmung schnell. Unter dem Absingen der *Internationale* und Rufen wie »Wir wollen Freiheit« und »Bullen raus« feierten weit über 2000 junge Leute ihre eigene Berlin-Party. Durch das rigide Eingreifen der Knüppel-Kolonnen von Stasi und Polizei an dieser neuralgischen Stelle kippte der Abend zu einer eindrucksvollen politischen Demonstration. Der Staat schlug entnervt um sich: 158 Festnahmen und 113 Ermittlungsverfahren im Zeichen harmloser Beatmusik. Die Partei hat immer recht, und die Stasi ist überall.

Ganz so simpel war es nicht, denn in den Achtzigern vollzogen immer mehr Leute den individuellen Ausstieg aus den Strukturen der gemaßregelten Gesellschaft. Das manifestierte sich in einer Ignoranz der herrschenden Verhältnisse, man entwickelte eine eher unpolitische Distanz. Politische Statements aus der Subkultur-Szene waren selten. Trotzdem waren Bilder, Zeitschriften, Texte, Fotos und Aktionen allein durch ihre Existenz schon politisch widerständig, einfach aufgrund ihrer bewußten Abgrenzung gegen die bestehenden politischen Bedingungen.

Mitte des Jahres ereignete sich ein kleines Sensatiönchen, als der Sampler *die anderen Bands* beim Vinyl-Monopolisten Amiga erschien. Nach reichlich Kulissengeschiebe, Mauschelei und Zensurgebaren gegenüber den zuerst geplanten Bands konnte man in der *Kleeblatt*-Reihe als Nummer 23 vier junge, frische Kapellen auf Platte mit nach Hause nehmen: *Hard Pop, Feeling B, Sandow* und *WK 13*. Der offizielle Werbetext radebrechte noch, Verständnis heischend, von »unkonventioneller Rockmusik für die unter Zwanzig«. Trotz des so typischen DDR-Sounds bei der Produktion war diese Platte doch ein Meilenstein, weil hier zum allererstenmal unangepaßte und nicht etablierte Gruppen auf einem Staatslabel veröffentlichen konnten. Die Erosion griff weiter um sich.

Auch beim DEFA-Dokumentarfilm-Studio machte man sich so seine Gedanken über die neue Zeit. Es wurde gemunkelt, geplant, gedreht und geschnitten. Als Ergebnis kam der zweistündige Dokumentarfilm *Flüstern & Schreien* in die DDR-Kinos, der die Tourerfahrungen von etablierten Combos wie *Silly* und *Chicoree* und alternativen Bands wie *Feeling B* oder *Sandow* beschreibt. Seine Erfahrungen mit diesem Streifen faßte Aljoscha Rompe von *Feeling B* zusammen: »Was später beim

Schnitt so gelaufen ist, darauf hatten wir keinen Einfluß. Aber die haben schon all die wirklich finsteren, negativen Szenen weggelassen. Da soll sogar Kurt Hager vom Politbüro mitgemischt haben. Es gab auch verschiedene Schnitt-Versionen.« (Aljoscha Rompe im Gespräch mit dem Autor)

»Nur der Schein ist wirklich rein«, schmetterten *Ideal* in Berlin-West. Punks belebten das Ostberliner Stadtbild, später auch Grufties, New Romantics, Bohemiens und Ska-Boys. Die vorhandenen Lebensmodelle wurden als langweilig geächtet. Mit individualisiertem Auftreten durch Mode, Frisur, Habitus und Jargon setzte die Szene ihre eigene Haltung dagegen.

Disziplinarische Abweichungen von der sozialistischen Norm-Persönlichkeit passierten anfangs eher aus Langeweile, Provokation oder ahnungslosem Protest gegen alles Erstarrte und Kontrollierte. Nicht nur, daß neben Westimporten eigene Klamotten wie selbstbedruckte T-Shirts, gefärbte Berufsbekleidung, Buttons, Leder oder Schmuck gefertigt wurden, die dann im Sommer an der Ostseeküste von stadtbekannten Berlinern an die Urlauber verhökert wurden, es bildeten sich auch eigenständige Modegruppen wie *Allerleihrau* oder *chic*.

Ein neues Jahr, das gleiche Spiel. Niemand ahnte die spätere Brisanz des Jahres 1989, als Mitte Januar wieder die *Woche der Jugend* in den Palast der Republik bat. Die Vereinnahmungsstrategie griff so langsam, die *Freie Deutsche Jugend* sparte nicht an Pomp und Farbe, um ihr kleines Festival paßgerecht anzustreichen.

Am letzten Tag dieser Woche durften dann *Die Vision, die anderen* und *Die Drei von der Tankstelle* auf der Bühne im großen Saal rocken. Auf die Anweisung, bestimmte Songs im *Palazzo* besser nicht zu spielen, reagierte Olaf Tost, Sänger *der anderen*, mit seiner Ansage: »Wenn man schon vom Frühling redet, sollte man nicht vergessen, wie viele Schneemänner noch die Piste verstellen.« Da bekamen diverse Herren in seltsam altmodischen Anzügen ganz, ganz große Ohren, und als der Saal bei den famosen *Tankstellen*-Jungs zum ausgelassenen Gemeinschaftspogo überging, rasteten die zivilen Stasi-Schnüffler aus und inszenierten eine sinnlose Prügelorgie gegen die tapferen Tänzer. Aufruhr im hohen Haus, das hatte es noch nie gegeben. Ganz klar, zu den anderen Bands war auch die etwas andere Jugend da!

Im Juni schließlich walzten chinesische Panzer die protestierenden Studenten auf dem Platz des Himmlischen Friedens in Peking nieder, was für sehr viel Unruhe im deutschen Arbeiter- und Bauern-Staat sorgte, denn hier wurden schlimmste Befürchtungen über den Umgang mit oppositionellen Kräften wahr. Und als *Herbst in Peking* bei einem FDJ-Konzert in Brandenburg öffentlich dagegen protestierte, folgte prompt ihr sofortiges Verbot. Aber viele andere, junge Bands solidarisierten sich, Resolutionen gegen dieses Verbot kursierten.

Bei einem der letzten Rockkonzerte in der Seelenbinder-Sporthalle mit *Feeling B* und den *Skeptikern* trug *Die Firma* provokanterweise ein T-Shirt mit der Aufschrift »Neues Forum« auf der Bühne, was aber schon keine Folgen mehr hatte. Irgendwer in der Kultur-Chefetage mußte mitbekommen haben, daß sich im fernen Westen längst eine neue Platte drehte: Techno zündete die erste Raketenstufe, und Berlin-West war eine der wichtigsten Kreativ-Katakomben. Längst hatten ehemalige Art- und Avantgarde-Spezialisten im Westteil die neuen Chancen und den neuen Markt gerochen und auf den harten, schnellen Beat umgesattelt. Das schwappte natürlich auch über die Mauer.

Alle Kontakte nutzend, ging im frühen Oktober 1989 der erste große DDR-Rave von der Rampe: Westbam, Joy Strongman (UK), MC Stereo und die lokalen *Down-Town-Lyrics* wummerten ihren fetten Groove in der Seelenbinder-Halle ins euphorisierte Tanzvölkchen. Als es Anfang Oktober schon überall im Land knirschte und krachte, Gorbatschow und die Prügelorgien in Dresden, Berlin und Leipzig das jähe Ende einläuteten, die Oppositionsgruppen stolz ihr Haupt erhoben, hatten die Etablierten des DDR-Rocks schon getagt. In einer seinerzeit noch mutigen Resolution forderten sie einen neuen, besseren und reformierten Sozialismus.

Und dann ging alles schnell. Viele machten Urlaub in Ungarn und verschwanden im ersten Loch des Eisernen Vorhangs, die BRD-Botschaften wurden handstreichartig genommen. In Leipzig wuchs aus den engagierten Kirchengruppen der Massenprotest, während der sture alte Mann Honecker der Mauer weitere stabile 50 Jahre versprach. Der Rest ist Geschichte.

Ronald Galenza begab sich auf die irdische Umlaufbahn, als die Menschheit den ersten Sputnik ins All schoß. Abitur, NVA-Dienst, Journalistik-Studium. Danach Jobs als Obstpresser, Briefträger, Domestik und Kulturarbeiter. Ab 1986 bei Radio DT 64, von 1992 bis 1993 Rockradio B, ab 1993 bei FRITZ. Autor für diverse Zeitungen wie *Berliner Zeitung, TIP, Junge Welt, ME/Sounds*, Rocktexte sowie CD-Covertexte. Freier DJ als *Electric Galenza.*

MATERiAL GiRL
Das Phänomen Madonna

■ Von Marion Pinkpank

Meine Mutter lachte, und meinem Vater entrutschte ein knappes »Siehst aus wie 'ne Vogelscheuche«. Ich starrte einfach nur in den Spiegel, fing nicht an zu heulen, das nicht, ich war nur völlig fassungslos. Hatte ich mich doch haargenau an die Schminkanweisungen gehalten, wie sie in der *Poprocky* standen: 'ne Menge schwarzer Kajal, viel Pink und nicht zu vergessen den Schönheitsfleck auf der rechten Seite über dem knallrot angemalten Mund. Und mit den dazu toupierten Haaren hätte ich schon aussehen müssen wie sie, wie Madonna Louise Veronica Ciccone, geboren am 16. August 1958 in Bay City/Michigan. War aber nicht. Enttäuscht ging ich ins Badezimmer zurück und kam als schlichte Marion wieder heraus. Es sollte der einzige Versuch bleiben, Madonna zu imitieren.

Elf Jahre war ich, als ich zum erstenmal überhaupt etwas von ihr hörte oder, besser gesagt, sah: Madonna im pinkfarbenen Abendkleid, umgeben von lauter chic angezogenen Männern, die ihr Diamanten und Pelze zu Füßen legten. Sie sang dabei etwas von »Living in a material World and I am a material Girl«. Die Bedeutung dieses Songs mit dem dazugehörigen Video erschloß sich mir nicht. Ich verstand einfach nicht, warum sie am Ende des Clips überglücklich in diesen schrottreifen Wagen mit einem Typen stieg, der ihr Daddy hätte sein können und der ihr selbstgepflückte Gänseblümchen oder Vergleichbares schenkte.

Alles andere war toll! Wie sie aussah, tanzte und sang. Damit fing es an: Ich wurde Madonna-Fan. Ihre Platten standen auf meiner Wunschliste. Aus *Bravo, Popcorn, Poprocky* etc. wurden sämtliche Artikel gesammelt, feinsäuberlich ausgeschnitten und in ein eigens dafür geschaffenes Album sorgfältig eingeklebt. Autogrammkarten, Posters und Staralben wurden nur in Klarsichtfolien aufbewahrt, und die Aufkleber von ihr waren so etwas wie heilige Reliquien. Natürlich sammelte ich auch Dinge wie *Mon Chichi's* und *Leonardo*-Gläser, die jedoch mit zunehmendem Alter in der Mülltonne landeten. Meine Madonna-Utensilien nicht. Selbst die abgelaufenen Madonna-Kalender wurden nicht weggeworfen. Mag darüber den Kopf schütteln, wer will, für mich ist es Kindheitserinnerung, und da hat wohl jeder eine Leiche im Keller liegen: *Barbie-Puppen* oder *Star-Wars*-Figuren, von denen man sich einfach nicht ohne weiteres trennen kann.

Madonna war immer präsent: als Sängerin mit skandalträchtigen Videos, anläßlich derer – wie bei *Papa don't preach* – ihr nachgesagt wurde, sie rate jedem Mädchen, loszuziehen und schwanger zu werden. Die hitzigen Diskussionen darüber konnte ich mit 13 nicht nachvollziehen, war ich doch bis dahin noch ungeküßt. Geschweige denn, daß ich beim Video zu *Like a Prayer* gleich Blasphemie erkannt hätte, nur weil ein Farbiger die Rolle von Jesus Christus einnahm. Die Kritiker suchten meiner Meinung nach immer nur nach irgend etwas, um Madonna schlecht machen zu können. Deshalb gaben sie ihr auch nie eine echte Chance, sich als Schauspielerin etablieren zu können. Ganz ehrlich, die Storys ihrer Filme *Susan … verzweifelt gesucht, Who's that Girl* und *Shanghai Surprise* haben mich nicht wirklich interessiert. Mir reichte Madonna als Grund, ins Kino zu gehen.

Sie inszenierte sich überall selbst und lebte nach dem faszinierenden Motto »Change your image« – und das am besten alle halbe Jahr. Die Veränderungen, die ich an mir vornahm, bestanden gerade mal aus einigen auswaschbaren Tönungen in allen möglich Rotschattierungen. Madonna bestimmte den Modetrend mit, egal ob es das Billigschick-Schlampen-Outfit mit Second-Hand-Korsage, Netzhemd, Boy-Toy-Gürtel und Kruzifix um den Hals war, abgelöst vom braven Mädchen-Image mit kurzem Haar und provokanten »Italians-do-it-better«-T-Shirt-Aufdruck, gefolgt von der Marilyn-Monroe- und Marlene-Dietrich-Kopie mit nun platinblonden Haaren, elegantem Nadelstreifenanzug und perfekten Make-up.

Sich Madonna zu entziehen war mir unmöglich. Selbstverständlich gab es auch andere weibliche Popstars, die in dieser Zeit erfolgreich waren. Für mich aber waren Whitney Houston und Janet Jackson ein Hauch von Nichts gegen »meine« Madonna. Die stammten beide aus schon berühmten Musikerfamilien und mußten nicht viel für ihre Karrieren tun. Madonna hatte das Märchen vom kleinen armen Mädchen zur Königin wahr gemacht. Sie schaffte den Weg von unten nach ganz oben. Das war meine Auffassung von Gerechtigkeit, mit der ich Madonna auch jedesmal als mein Idol vor Freundinnen verteidigte: Nur wer viel und hart arbeitet, dem gebührt Erfolg. Das war die Einstellung, die auch für mein Leben gelten sollte.

Es waren aber nicht nur die Lieder, die ich an Madonna so bewunderte, es waren genauso ihre Lebensauffassung, das permanente Brechen gesellschaftlicher Tabus und vor allem, daß sie einfach tat und sagte, was sie wollte. Purer Egoismus, den sie nie verheimlichte: »Leckt mich am Arsch. Es ist mir egal, was ihr über mich denkt. Ich mache, was ich will.« Das hätte ich mich mal trauen sollen! Die Antwort wußte ich schon vorher: »Solange du deine Füße unter unseren Tisch stellst, machst du das, was wir für richtig halten.« Also war ich ein braves, langweiliges Mädchen, hielt meinen Mund und träumte still vor mich hin in der Hoffnung, irgendwann auch so stark zu sein. Wie es ging, lebte mir ja eine 1,54 Meter große Person vor.

Eigentlich total einfach. Das einzige und größte Problem dabei war ich selbst, da ich nicht dieses überwältigende Selbstvertrauen hatte. Oder nicht die Fähigkeit, mich und andere unter Kontrolle zu bringen, Macht auszuüben, Sex, Geld und dabei eine Menge Spaß zu haben. In dieser Hinsicht verlief mein Leben in jener Zeit anders. Doch versuchte ich immer die erste zu sein, wenn es zu beweisen galt, daß Mädchen genausoviel draufhaben wie Jungen, zumindest in so lebensrelevanten Dingen wie Liegestütze machen, Fußball spielen oder aufmüpfig sein.

Wichtig war dabei, nicht unweiblich zu wirken und die Jungs gekonnt so auszunutzen, daß sie es nicht merkten – eine Form von Feminismus, die ich von Madonna gelernt zu haben meinte, eine Form, die gerade bei Feministinnen nicht angesagt war. Die warfen Madonna eher vor, sich als sexuelles Objekt zu verkaufen und die Frauenbewegung um 30 Jahre zurückzuwerfen. Klar verkauft sie sich, spielt mit ihrer Weiblichkeit und appelliert an die primitivsten Instinkte. Doch genau das hat sie erfolgreich und berühmt gemacht. Sie verwirklichte den »American Dream« und zeigte dabei gleichzeitig der Welt und sonstwem die lange Nase.

»Die Leute glauben, wenn man sexy und schön und aufreizend ist, hätte man sonst weiter nichts zu bieten … Vielleicht sah es ja so aus, als würde ich diesem Stereotyp entsprechen, aber ich habe es ganz bewußt so gemacht … Es ist nicht so, als hätte ich gesagt: Achtet nicht auf meine Kleidung – die Unterwäsche –, die ich trage. Vielmehr habe ich diese Kleidung getragen, um klarzumachen, daß man sexy und gleichzeitig stark sein kann …«

Sie war wohl schon immer einen Schritt voraus. Madonna war für mich das attraktivere Vorbild als die, die dachten, sie müßten überall ihr Zeichen an die Wände schmieren und ihre Rolle als Frau diskutieren – unter Ausschluß der Männer natürlich. Bewußt war mir das alles allerdings noch nicht.

Marion Pinkpank, 1973 in Berlin-Tempelhof geboren, in Lichtentown (Lichtenrade) wohlbehütet aufgewachsen, Abi gemacht, seit 1997 als redaktionelle Mitarbeiterin und Reporterin bei FRITZ. Überzeugte Studentin der Älteren deutschen Literatur und Sportwissenschaft. Lebt in der festen Überzeugung, daß König Artus existiert hat. Schönste Erinnerung: die schon 20 Jahre alte Stereoanlage vom Vater zum Geburtstag geschenkt bekommen zu haben und der erste Zungenkuß.

Die Zitate wurden dem Buch *Madonna – Selbstbekenntnisse* von Mick St. Michael entnommen (Goldmann Verlag, München 1991). Die Originalausgabe erschien unter dem Titel *Madonna in her own Words* bei Omnibus Press, 1990 in London.

LOVE CATS

Warum pummelige Popstars besser sind als jeder Kinderpsychologe

■ **Von Luci van Org**

Wußte meine Lehrerin, was sie tat, als sie mich, die liebe, pummelige, bezopfte Elfjährige mit der dicken Brille, bat, dieses lustige Katzenlied für die alljährliche Schulaufführung zu besorgen?

Mürrisch und müde vom Herumsuchen im Plattenladen legte ich *Love Cats* von *The Cure* auf meinen Plattenteller, schon schwer genervt von der Vorstellung, mich in drei Wochen mit Puschelschwanz und Katzenmaske auf einer Bühne lächerlich machen zu müssen – und traute ein paar Sekunden später meinen Ohren nicht. Eine Stimme, halb Mann, halb Frau, verzweifelt und trotzdem unendlich leicht, die Instrumente gnadenlos schräg und trotzdem eingängig, die Stimmung gleichzeitig schwermütig und glückselig, kurzum, die beste Musik, die ich je gehört hatte. Fast zitternd vor Aufregung erzählte ich meiner Freundin am nächsten Tag von meiner Entdeckung. Die klärte mich schnippisch darüber auf, daß man *The Cure* nur hören dürfe, wenn man einen extrem coolen Hang zum Suizid habe und zu wildtoupierten Haaren ausschließlich Schwarz trage, man also wäre wie *The Cure*-Sänger Robert Smith.

Obwohl ich nach dieser Definition als Hörer gänzlich ungeeignet schien (sie übrigens auch, aber zu solch logischem Schluß war mein aufgewühltes Hirn nicht mehr fähig), lieh sie mir gnädig zwei ihrer Kassetten, allerdings mit dem Zusatz, daß ich sie ihr wohl sowieso morgen wiedergeben würde, weil die Musik nur etwas für extrem finstere Gemüter sei. Ich habe die beiden Tapes noch heute. *Killing an Arab* und *Faith*, millionenmal gedudelt auf meinem leierigen Japan-Shop-Kassettenrecorder, beendeten innerhalb von wenigen Wochen meine Kindheit. Ich begann alles zu sammeln, was auch nur entfernt an Robert Smith und seine Mannen erinnerte, und verbrachte meine Nachmittage auf der Suche nach seltenen Bootlegs und Konzertmitschnitten meiner Helden.

Drei Tage nach der, wie erwartet, saudämlichen Schulaufführung schnitt ich mir die Zöpfe ab und begann meine Haare zu toupieren. Es bedurfte langer Diskussionen mit meinen Eltern, bis sie verstanden, daß in bezug auf die Klamotten plötzlich alles Bunte – also meine gesamte Garderobe – gleichbedeutend mit »völlig scheiße« war. Als liebende Eltern fanden sie sich nach einiger Zeit damit ab. Genauso wie mit der Tatsache, daß ich dazu überging, mein Gesicht wachsweiß zu schminken, die von den neuerworbenen Kontaktlinsen rotgeschwollenen Augen mit Tonnen von Kajal in dunkle Höhlen zu verwandeln und mein liebevoll eingerichtetes Ikea-Zimmer mit tollen *Cure*-Sprühgraffiti und superlustigen Depressions- und Selbstmordphantasien zu verzieren. Finster, düster und voller Selbstzweifel wollte ich sein, wie man es von einem echten *Cure*-Fan erwarten durfte.

Leider ist mir das nie gelungen, denn die Düsternis verleitete mich mitnichten zum Freitod. Eher dazu, Bier zu trinken, zu kiffen und Sex zu haben. Schließlich gab es unzählige andere, die *The Cure's* und meinen Weltschmerz teilten (also Bier tranken, kifften, Sex hatten, sich wild schminkten und Schwarz trugen) und mit denen man eine großartige Zeit haben konnte.

Warum ich sowenig von den Songs spreche? Weil sich das Lebensgefühl eines *Cure*-Fans nicht an einzelnen Songs festmachen ließ, sondern eher an der Attitüde und Persönlichkeit ihres Sängers (irgendwie waren die übrigen Bandmitglieder nie wirklich wichtig, sie wurden ja auch viel zu oft ausgetauscht). Jede Zeile seines quakenden, leicht schiefen Gesangs, jede Fettzelle seines madenweißen, molligen Körpers machte meinem komplexbeladenen Teenagerherzen Mut: Scheißegal, mit wie wenig Schönheit oder Talent dich die Natur beschenkt hat, du kannst ein Star sein, wenn du nur romantisch bist und dich kreativ anziehen und schminken kannst. Wie viele pummelige, käsige, ewig verspottete Klassenfettsäcke sind durch Robert zu Sexsymbolen aufgeblüht, weil sie den Mut hatten, zu ihren Schwächen zu stehen und ihre unmännlichen Seiten durch Schminke noch zu betonen? Und wie viele kleine, häßliche Mädchen entdeckten, maskiert im Leichenlook und die Körperformen mit schwarzem Tuch verhüllt, daß man tollen Sex mit tollen Typen haben konnte, wenn man sich nur außergewöhnlich genug das Gesicht anmalte und die Haare stylte?

Klar, nach zwei Jahren war die Euphorie vorbei und Punk tausendmal cooler (obwohl ich das Pogotanzen auf *Cure*-Konzerten gelernt habe und es auch als Punker nur darum ging, Bier zu trinken, zu kiffen und Sex zu haben). Na ja, vielleicht war es auch einfach meine mindere Begabung zum Depressivsein und mein Hang zu bunten Farben. Trotzdem habe ich mir bis heute jedes Album gekauft und bin an den Tagen nach dem Neuerwerb in Welten höchster Glückseligkeit abgetaucht, wenn auch eine Zeitlang mit schlechtem Gewissen und heimlich.

So war es im November 1996 einer der größten Tage meines Lebens, als ich die Gelegenheit bekam, Robert Smith zu interviewen. Mit bis zum Hals klopfendem Herzen lernte ich einen charmanten, kleinen Mann kennen, der entwaffnend ehrlich und freundlich auch über intime Details seines Lebens plauderte. So erfuhren die FRITZ-Hörer und ich, daß Robert trotz extremster Kurzsichtigkeit nie Brillen trägt, weil er die Unbill der Welt am liebsten in Unschärfe erträgt, daß er mit seiner Frau eine offene Ehe führt, weil er sich immer wieder frisch verlieben will, und daß er ein schweres Alkoholproblem hat. Nichts gab es, was Roberts Ruf, ein ekelhaft verstockter, unfreundlicher Psychotiker zu sein, auch nur im entferntesten rechtfertigte.

Noch zwölf Jahre nach meinem ersten *Cure*-Live-Erlebnis vermochte er auf dem dem Interview folgenden Konzert alte wie neue Fans gleichermaßen in seinen Bann zu ziehen. Schon faszinierend, was für eine Präsenz und Kraft er auf der Bühne entwickeln kann. Plötzlich war ich nicht mehr 25, sondern wieder 13, stürmte, wie von einem Sog gezogen, in die pogotanzende Menge direkt vor der Bühne, begann neben, vor und hinter mir Gesichter aus der Vergangenheit zu entdecken, Menschen um die 30, die ebenso wie ich in ihre Kindheit eintauchten. Bis in die erste Reihe kämpfte ich mich vor, schaute in Roberts Augen, wollte ihm den Beweis erbringen, daß ich wirklich ein glühender Fan war und kein Poser. Bis mir einfiel, was er über seine Kurzsichtigkeit erzählt hatte … Was bleibt, ist die Erinnerung an einen der schönsten Tage meines Lebens.

Noch heute bleibe ich in regelmäßigen Abständen verklärt vor dem Foto von Robert und mir stehen. Vielleicht ziemlich unreif für mittlerweile 27? Aber wer weiß, was aus mir geworden wäre, wenn es diesen kleinen, pummeligen Mann nicht gegeben hätte? Ganz sicher eine Frau mit viel weniger Selbstvertrauen.

Luci van Org, geboren 1971 in Berlin, bereicherte auch schon in den achtziger Jahren die deutsche Musiklandschaft um viele, glücklicherweise nie bekanntgewordene Musikprojekte, nebenher machte sie Abitur. In den Neunzigern brach sie ihr Kunst- und Englischstudium ab, um nur noch Musik zu machen. Seit 1992 ist Luci die eine Hälfte des Popduos *Lucilectric*, neben weiteren Musikprojekten hält sie ihr Gesicht in Spielfilmen vor die Kamera und moderiert seit 1995 auf FRITZ.

Die Autorin kurz vor
und kurz nach dem Ereignis

DANCE LITTLE SISTER
Tanzschritte einer Landpomeranze

■ **Von Kerstin Koch**

Mein erstes Mal war mit Thomas Gottschalk in der Stadthalle Obernburg. Anfang der achtziger Jahre gelang es der Kreissparkasse, den Noch-nicht-Megastar zu einem Diskoabend in die 2500 Einwohner zählende unterfränkische Gemeinde zu locken. (Mit Eingemeindungen hat Obernburg heute über 7000 Einwohner!) Die Veranstaltung fand in der Stadthalle statt. Wo sonst sonntags das gemeinsame christliche Frühstück abgehalten wurde, versuchte nun Thomas Gottschalk auf der Bühne gegen das ländliche Flair anzureden.

Ich genoß die bunten Lichter, klatschte begeistert bei *We will rock you* von *Queen* mit, lachte über seine Witze und schaute mich verstohlen nach Jungs um. Bis meine Tante vor mir stand und mir lautstark mitteilte, daß meine Eltern sich Sorgen machten und sie mich abholen sollte. Peinlich.

Seitdem war ich jeden Sonntag bei Diskoveranstaltungen in den umliegenden Dörfern anzutreffen. Mit wild hochtoupierten Haaren, lila- oder pinkfarbenen Rüschen-Miniröcken und bekritzelten Adidas-Stoffturnschuhen. Meine Favorites waren *Adam and the Ants, Duran Duran* und Helen Schneider.

Auf die farbenfrohe folgte die schwarze Phase, die sehr lange andauern sollte. Alles war schwarz: schwarz gefärbte Haare, schwarze Schuhe, schwarze Strickpullis, schwarze Jacke, schwarzer Rucksack. Auch die Musik wurde sehr, sehr düster: *Joy Division, Sisters of Mercy, The Mission, Einstürzende Neubauten* oder *New Model Army* waren jetzt meine Begleiter. Später erfuhr ich, daß mein Schuldirektor mich zu dieser Zeit für suizidgefährdet hielt.

Mitte der Achtziger gab es in Obernburg und Umgebung nur zwei Arten von Diskos: die Großraumdiskos, in denen die Charts hoch- und runtergespielt wurden und wo die Besucher am liebsten Weiß trugen, weil das im Schwarzlicht so schön leuchtete (wir nannten sie auch Bauerndiskos); angesagt waren für mich dagegen die anderen, in denen es kein Schwarzlicht gab und die mindestens ebenso schwarz und abgeranzt waren wie wir. Meine Stammdisko hieß *Sound*, und im Eingangsbereich hing ein Schild, auf dem stand: »Handel und Konsum von Drogen sind untersagt.« Das *Sound* mußte Anfang der Neunziger wegen Handel und Konsum von Drogen schließen.

Hier trafen sich jedes Wochenende dieselben Leute, und es spielte sich jedes Wochenende dieselbe Zeremonie ab. Alle standen mit einer gelangweilten Coolness um die Tanzfläche und schauten mit einer herablassenden Miene den vereinzelt Tan-

zenden zu, die es einfach nicht besser wußten. Das war die Grundstimmung, bis eines der Schlüssellieder aufgelegt wurde, Schlüssellieder waren *Passenger* von *Iggy Pop, Sunday, Bloody Sunday* von *U2, Tainted Love* von *Soft Cell* oder *London Calling* von *The Clash.* Bei dem Ertönen der ersten Takte schauten sich alle freudig an und sprinteten auf die Tanzfläche.

Ob jemand wirklich cool war oder nicht, konnte man auch daran sehen, wie rasch er ein Lied erkannte. Schritt Nummer 1 war, das Lied möglichst schnell zu identifizieren, Schritt Nummer 2, mit einem freudigen »Na endlich!«-Gesichtsausdruck möglichst schnell auf die Tanzfläche zu kommen. Dann kam Schritt Nummer 3, der viel Übung brauchte, um es wirklich lässig hinzubekommen: das Tanzen. Während sich heute in den Clubs, auf Maydays oder der Love-Parade jeder dem einfachen Glücksgefühl des Bewegens hingeben darf, erforderte das Tanzen in den Achtzigern einen standardisierten Ablauf. Das Gewicht wurde auf das Standbein verlagert, das Spielbein nach vorne gestellt und so bewegt, als ob man eine Zigarette ausdrücken wollte. Nun galt es, gleichmäßig und ohne zur Seite zu wackeln mit dem Oberkörper vor- und zurückzuwippen. Punkte gab es für denjenigen, der noch kunstvoll die Arme dazu schwingen konnte. Die Herausforderung bestand darin, nicht zu sehr mit den Armen zu kreisen, da das leicht in eine lächerliche Ruderbewegung umkippen konnte. Wichtig war auch, den anfangs freudigen Gesichtsausdruck möglichst schnell in einen ernsten, betroffenen umzuwandeln. Hilfreich war dabei, irgendeinen Punkt vor sich auf der Tanzfläche zu fixieren. Die Musik wurde mitgefühlt, und jeder mußte sehen: Ja, Bono singt gerade genau das, was ich empfinde. Verstanden habe ich die Texte noch nicht. Aber den Gesichtsausdruck bekam ich hin.

Ende der Achtziger, als wir schon tausendmal zu *The Cure* oder zu *Depeche Mode* auf Klassenparties getanzt hatten und das *Sound* nun wirklich jedes Wochenende dieselben Lieder brachte, schwappte das Gerücht ins unterfränkische Land, das *Dorian Gray* oder das *Omen* in Frankfurt wären angesagt. Das *Dorian Gray* war wegen seiner strengen Türpolitik verrufen – ich hätte es nicht ertragen, am Eingang abgewiesen zu werden. Aber ich kam ins *Omen*, mit einer unglaublich coolen »Hey, ich gehöre dazu!«-Miene«. Und, o Wunder: Die Leute hatten Spaß, amüsierten sich und tanzten zu Liedern, die ich nicht kannte.

Sven Väth hatte mit seinem Club *Omen* eine neue Ära eingeläutet. Jetzt durfte man sich in der Disko einfach zur Musik gehenlassen, statt mit seinem Bier nur betont gelangweilt rumzustehen. Und es brodelte an allen Ecken: Die ersten Houseparties fanden statt, und auch da konnte man einfach draufloszappeln. Das war mir fremd, ich fand die freudig rumhüpfenden Menschen uncool. Meine Liebe zur elektronischen Musik entdeckte ich erst später, Anfang der Neunziger in Berlin.

Als ich mich dann mitten in der ekstatisch tanzenden Masse ohne meinen zigarettenaustretenden Schritt wiederfand, fragte ich mich: Warum war das eigentlich immer so krampfig? In einem Gespräch sagte DJ Marcos Lopez: »Tanzen war ein modisches Ding, Madonna und Michael Jackson waren Mode, die Leute haben keine eigenen Bilder zur Musik entwickelt, sie machten das nach, was ihnen MTV vorgab.«

Genau das ist es, ob für HipHoper, Waver, Popfans oder Independent-Freaks, die Musik war Ausdruck der Zugehörigkeit: Sag mir, was du anhast und wie du zu welcher Musik tanzt, und ich sage dir, wer du bist. Die neuen elektronischen Beats hatten keine Vorbilder oder Muster, jeder mußte sein eigenes rhythmisches Gespür dazu entwickeln und sich nur auf die Musik einlassen. Ein Riesenbefreiungsschlag für bewegungsfreudige Menschen! Endlich können wir den coolen, schwarzen Mantel ausziehen, wenn wir schwitzen – und einfach nur tanzen.

Kerstin Koch verließ Anfang der Neunziger ihr unterfränkisches Idyll und versuchte zunächst in Paris, später in Berlin mit dem väterlichen Äbbelwoi ein großes Geschäft aufzuziehen. Was ihr aber nicht gelang. Deshalb studierte sie und ging Mitte der Neunziger zum Radio. Dort arbeitet sie als Moderatorin, Redakteurin und Reporterin. Ihr Traum: einmal mit Heinz Schenk zusammen moderieren.

»DER EINE HATTE SPASS! UND DER ANDERE?«

Rockstar Ost, Rockstar West. Gespräch mit Kai Havaii und André Herzberg

■ **Von Jens Quandt und Jan Weyrauch**

Kai Havaii und André Herzberg verbindet vieles: Beide sind im gleichen Alter, ihre Bands *Extrabreit* und *Pankow* wurden zu Aushängeschildern ihrer Generation. Beide schrieben ihre Texte in deutscher Sprache und hatten als Frontmänner Tausende von Fans. Zur gleichen Zeit, Anfang des Jahrzehnts, wurden sie zu Stars in Deutschland. Und doch war alles anders, denn Kai Havaii startete seine Musikkarriere im westdeutschen Hagen, André Herzberg seine in Ostberlin.

Ein Radiokollege hat über euch beide den Satz gesagt: »Kai Havaii und André Herzberg – der eine hatte Spaß, der andere nicht.« Wenn man bedenkt, daß ihr beide zur gleichen Zeit in zwei unterschiedlichen Systemen Musik gemacht habt, was ist dann an dem Satz dran?

► Kai: Es ist offensichtlich, daß wir im Westen viel mehr Möglichkeiten hatten, eine Band zu gründen und zu spielen, ohne irgend jemanden fragen zu müssen. Auch bei den Texten redete uns keiner rein. Da wurde man im Osten sicher mehr beschränkt. Auf der anderen Seite hatte aber auch die westliche Musikbranche ihre Schattenseiten.

► André: Wir befanden uns in zwei grundverschiedenen Welten. Natürlich wollte ich auch Spaß haben. Musik machen war besser als arbeiten gehen. Ich wollte kein normales Leben führen wie alle anderen. Ich habe einfach gemacht, was ich dachte, machen zu müssen.

► Kai: Bei uns war nicht alles nur Spaß, da steckte auch Opposition drin. Als 1979/80 die Neue Deutsche Welle anfing, entwickelte die sich aus der Subkultur. Auf einmal gab es viele Bands, die in deutscher Sprache sangen und denen es egal war, ob sie ihre Instrumente beherrschten oder nicht. Wichtig war der Wille, sich auszudrücken. Alles war sehr stark auf eine bestimmte Szene beschränkt. Wir wollten am Anfang nichts weiter als für die Leute Musik machen, die genauso drauf waren wie wir. Verkaufszahlen oder die Charts waren zu der Zeit kein Thema.

Wurden dann aber wichtig, als es 1982 mit dem Erfolg losging?

▸ Kai: Wichtig? Sie waren da. Es war natürlich eine wilde Fahrt, die Spaß machte. Allerdings veränderte sich dadurch privat eine Menge. Wir waren von 1980 bis 1983 permanent im Einsatz: Plattenaufnahmen, Presse, Touren. Als wir dann zum erstenmal endlich etwas Zeit zum Luftholen hatten, stellten wir plötzlich fest, daß sich alles verändert hatte.

Ich lebte mit unserem damaligen Manager und vier anderen Leuten in einer WG. Wir verstanden uns wunderbar. Als es aber losging mit *Extrabreit*, ständig das Telefon klingelte und die *Bravo* oder Fans vor der Tür standen, sagten die anderen zu mir, daß sie keine Lust mehr hätten, die Kulisse unserer Karriere abzugeben. Ich konnte das gut verstehen, weil die Atmosphäre in der WG sich verändert hatte. Ich zog also aus und bedauerte das sehr. Plötzlich war ich nicht mehr da, wo ich herkam.

Kai Havaii

▸ André: Bei mir lief das mit der Karriere etwas anders. Ich habe »Musiker« als ordentlichen Beruf erlernt. Im Osten ging man dafür zum Beispiel auf die Hanns-Eisler-Hochschule für Musik, Abteilung Tanzmusik. Während meines Studiums traf ich Leute und gründete meine erste Band, die *Gaukler Rock Band*. Im Osten war das alles geregelt. Man mußte eine Zulassung bekommen, vorspielen und das Programm genehmigen lassen. Der Erfolg führte allerdings nicht zu so starken persönlichen Veränderungen wie bei Kai. Das hatte natürlich etwas mit dem Land und dem System zu tun, in dem Geld eine nicht so große Rolle spielte. Kommerzialität war nicht so wichtig wie heute.

Du hast mal gesagt, daß es im Osten egal war, ob sich eine Platte verkaufte oder nicht.

▸ André: Genauso war es. Ich hatte mit monatlich 250 Mark ein relativ hohes Stipendium. Pro Mugge erhielten wir 150 Mark. Wir spielten zehn- bis fünzehnmal im Monat und kamen dadurch auf 2000 bis 3000 Mark. Am Verkauf der Platten wurden wir nicht beteiligt.

▸ Kai: Bei uns war das anders. Wir konnten nicht einfach sagen: Laßt uns diesen Monat zehnmal spielen, damit wieder genug Geld in der Kasse ist. Man mußte teilweise fast schon Geld mitbringen, um in einem Club überhaupt auftreten zu dürfen. Wir konnten erst von der Musik leben, als wir auch Platten verkauften. Das Geld von der GEMA und der GVL gab es zwar erst mit einer Zeitverzögerung von einem Jahr, aber plötzlich war das Konto voll und wir verblüfft. Davon lebten wir und fühlten uns als Profis.

Hast du dich auch als Profi gefühlt?
▸ André: Bei der ersten Band noch nicht. Die *Gaukler Rock Band* war eine Studentenkombo. Sie löste sich zu einem Zeitpunkt auf, als *Pankow* schon zur Crème de la Crème der Zone gehörte. In unserem kleinen Land dauerte es nicht lange, bis man auf dich aufmerksam wurde. Als Veronika Fischer in den Westen ging, hatte ich die Chance, gleich in die absolut erste Liga aufzusteigen – und war dann sozusagen Profi bei *Pankow*.

Was bedeutete es, ein Star zu sein – im Westen und im Osten?
▸ André: Das war ähnlich wie mit dem Geld. In den ersten Jahren von *Pankow* spielten wir 200- bis 300mal im Jahr, bisweilen dreimal am Tag. Es gab nicht so viele Bands, und als Profi-Band hatte man andere Möglichkeiten. Im Nu kannte man dich, auch wenn wir aus politischen Gründen wenig in den Medien auftauchten. Durch die Live-Spielerei kannten uns sehr schnell sehr viele Leute. Und mit den Fans war es wie im Westen: »Hey, biste nicht … kannste nicht … gib mal 'n Autogramm …« Das war erst mal toll, Frauen und was da alles dranhängt, das war aufregend.
▸ Kai: Wir spielten auch sehr viel, konnten aber bis Ende 1981 nicht davon leben, es blieb einfach nichts übrig. Auf unserem Zenit allerdings, im Jahr 1982, war das ähnlich wie bei dir mit Autogrammen, Frauen und allem Drum und Dran. Das machte Spaß. Ich meine, wer würde das nicht gerne erleben?

Im Westen kam etwas auf, was es bis dahin in Deutschland so noch nicht gegeben hatte: das Sponsoring von Tourneen durch Firmen. *Extrabreit* waren mit auf der ersten groß gesponserten Tour von Levis. Gab es solche Art von Sponsoring auch für Ostbands?
▸ André: Das Wort gab es gar nicht, und die Strukturen waren andere. Der Staat war viel stärker in alles integriert, zum Beispiel als Veranstalter, das nannte sich dann »Konzert- und Gastspieldirektion«. Die FDJ als einzige Jugendorganisation war Veranstalter, und auch die Armee: 20 bis 25 Prozent unserer Mugge spielten wir vor Soldaten. Aber das kann man nicht Sponsoring nennen, das System war einfach anders. Gagen wurden nach Einstufung bezahlt, und die wiederum legte der Staat fest. Aber du bekamst nicht einfach so Geld geschenkt oder ein Flugzeug gestellt.

Was habt ihr bei *Extrabreit* denn bekommen?

▸ Kai: Für diese Tour bekamen wir außer normalen Gagen jeder eine Jacke und ein paar Jeans. Aber das war nicht der Punkt. Wir wurden damals ziemlich angefeindet, weil wir eigentlich aus einem »linken« Milieu kamen. Man warf uns vor, wir hätten uns von einem Konzern kaufen lassen. Wir sahen das aber als Möglichkeit, unter besten Bedingungen vor unheimlich vielen Leuten zu spielen, die auch noch weniger Geld zahlen mußten, weil die Firma die Eintrittspreise subventionierte. Und, mein Gott, daß Levis dafür irgendwo hinter der Bühne seinen Schriftzug aufhängen durfte, scheiß drauf. Aber darüber wurde diskutiert, und spätestens ab dem Zeitpunkt standen *Extrabreit* für bestimmte Leute auf der Seite der Schweine.

André Herzberg

Anfang der Achtziger wurde plötzlich auf beiden Seiten der Mauer deutsch gesungen. Im Osten war das nichts Neues, für die Popmusik im Westen schon. Was war für euch der Grund, deutsche Texte zu schreiben?

▸ Kai: Die Zeit war einfach reif für eine neue deutsche Popkultur. Wir haben uns natürlich nicht hingesetzt und gesagt: So, jetzt ist die Zeit gekommen. Es lag in der Luft. In den Siebzigern hatte es Figuren gegeben wie Udo Lindenberg oder Nina Hagen, die mich und alle um mich herum sehr beeindruckt haben. Sie waren die Vorläufer dieses Feelings. Man hörte überall von Dingen, die gerade passierten: In Hannover gab es beispielsweise eine Band namens *Hansaplast*, die Deutschpunk machte. Damals waren auch wir schon im Übungsraum. An mehreren Stellen ging gleichzeitig etwas in der Richtung los. Es war die Sache, die vorne war. Wir sahen das ideologisch: Englisch singen galt als blödsinnig, weil es nicht authentisch war.

▸ André: Im Osten wurde es in den späten sechziger Jahren verboten, englisch zu singen – so in der Zeit, als die Beat-Nachspiel-Bands im Osten entstanden. Damals erklärte der Staat: Wenn ihr nicht verboten werden wollt, müßt ihr deutsch singen. Als ich 16, 17 war, da war Ostrock – vertreten von Leuten wie den *Puhdys* – ein Beispiel dafür, wie ich es nicht machen wollte. Alles war sehr lyrisch, schlagerähnlich. Ich wollte auch deutsch singen, aber andere Sachen. Es ging mir ein bißchen so wie Kai. Ich habe die frühen *Ton Steine Scherben* gehört und auch Lindenberg. Das war für mich ein absolutes Zeichen: So willst du es auch machen. Allerdings kamen mir bestimmte Zeilen fremd vor wie die von der Besetzung des Georg-von-Rauch-Hauses. Vorstellen konnte ich mir darunter zwar nichts Konkretes, spürte aber, was dahinterstand, und dachte: Das will ich auch.

Also hattet ihr gemeinsame Vorbilder, obwohl ihr in unterschiedlichen Systemen aufgewachsen seid?
▸ André: Na ja, im Osten Berlins konnte man ja Radio hören. Man verfolgte zumindest über Radio und Fernsehen, was im Westen passierte.

Hast du die Entwicklung im Osten verfolgt?
▸ Kai: Ich weiß zum Beispiel, daß der Name *Pankow* öfter in westlichen Musikzeitschriften und auch in Gesprächen auftauchte. Ich habe mich zwar nicht besonders gut ausgekannt, aber *Pankow* galt im Westen als Band, auf die man achten mußte, etwas Neues aus dem Osten, das ein bißchen mehr zur Sache geht. Dieses Lyrisch-Vernebelte gab es auch im Westen, und diese Gruppen waren auch für uns kulturell gesehen eher Feindbilder. Wir wollten eine klare Sprache, keine Verneblung, darin waren wir uns ähnlich. *Ton Steine Scherben* gehörte zum Inventar, war Pflicht, und natürlich wurde man dadurch beeinflußt. Nur waren wir von dem Bedürfnis runter, Agitrock zu machen, den man bei den *Scherben* noch in allerhöchster Qualität erleben konnte. Wir wollten einfach keine Fahne schwenken. Aber die Atmosphäre der *Scherben*-Musik und ihrer Texte hat uns beeindruckt und geprägt.

Wenn du sagst, daß ihr nie die Fahne schwenken wolltet: Wie ist dann euer Song *Polizisten* zu verstehen? War *Polizisten* gedacht als Soundtrack zu den gesellschaftlichen Ereignissen in der Bundesrepublik?
▸ Kai: Das war die Zeit der großen AKW-Demos. Es gab heftige Auseinandersetzungen, bei denen es auch blutig zuging. Ich war in Brokdorf dabei und erlebte die starke Konfrontation zwischen gewissen Leuten – und das waren nicht wenige – und den Bullen, nach dem Motto »Haut die Bullen platt wie Stullen«. Das waren schon irgendwie die Feinde. Ich hätte trotzdem ein Problem damit gehabt, einen Text zu schreiben à la »Haut die Bullen platt wie Stullen«. Ich sah die Sache psychologischer. Ich versuchte einfach, mir die Absurdität der Situation eines Jungen vorzustellen, der in diese Uniform gesteckt und dem gesagt wird: So, jetzt verteidigst du das AKW. Das kommt zwar in dem Text nicht so konkret vor, es geht aber um dieses Ferngesteuerte, dieses Problem, sich hinstellen zu müssen und Staatsautorität zu verkörpern.

Daß das natürlich sehr gut in die Zeit paßte, weil das Thema ungeheuer brisant war, beförderte die Sache. Wobei ich mich immer noch frage, wie manche Leute *Polizisten* verstanden haben. Der Text ist natürlich sarkastisch und macht sich lustig über die Rollen. Es gab aber immer wieder Leute – sogar Polizisten –, die sagten, genauso is' es, obwohl sie selbst nicht gut dastanden. Andere wiederum faßten den Song als persönlichen Angriff auf.

Bei *Pankow* gab es 1987 mit *Langeweile* einen Song, der für euer Publikum eine ähnliche Bedeutung hatte wie *Polizisten* von *Extrabreit*.

▸ André: Du meinst jetzt das, was man hinterher dem Album unterstellte: Es hätte sozusagen den Zusammenbruch der DDR eingeleitet. Schön, wenn es so gewesen wäre. Aber leider schafft das die beste Musik und also auch dieser Song nicht. Ich schrieb erst mal einen Text, beschrieb einfach das Wort »Langeweile«. Was macht man, wenn man Langeweile hat? Man macht das und das, und dann kommt ein Lied dabei raus. Daß es dann irgendwann gesellschaftlich wird, na ja ...

▸ Kai: Also wurde es zu einem Synonym für die Atmosphäre in der DDR?

▸ André: Das sagten die Leute hinterher.

▸ Kai: Also hat man nicht bewußt die Überschrift »DDR« genommen und dann das Stichwort »Langeweile«, das war dann plötzlich einfach da?!

▸ André: Offensichtlich. Das ist genau die Arbeit des Künstlers. Er soll das aufnehmen, was in der Luft liegt. Der Song hat erst mal viel mit mir selbst zu tun, und Schluß aus.

Hast du dir manchmal gewünscht, im Westen Musiker zu sein, um das sagen zu können, was du sagen wolltest?

▸ André: Im Westen Musiker sein? Als ich im Osten bei der NVA war, dachte ich manchmal daran, daß es hier so nicht weitergeht, daß ich fliehen muß. Ich habe es aber nicht getan, weil ich zu feige war, über diesen Zaun zu steigen, und weil Musik machen dann – zumindest in Gedanken – so etwas war wie durch die Welt fliegen zu können. Als wir Mitte der achtziger Jahre rüberfahren durften, wurde mir die Frage im Westen oft gestellt: Willst du nicht hierbleiben? Aber ich dachte: Da, wo ich arbeiten kann, arbeite ich. Wir wurden nie mit Auftrittsverbot belegt, so daß wir gar nicht mehr spielen konnten. Es ging immer weiter.

»Verbot« ist das Stichwort. *Extrabreit* bekam Probleme, als *Polizisten* erschien. Der Bayrische Rundfunk boykottierte euch. Wie gingt ihr damit um?

▸ Kai: Im Westen war es so: Ein Boykott war immer ein Eigentor für die Leute, die auf diese Verbotsidee kamen. *Polizisten* durfte im BR nicht gespielt werden, obwohl es in aller Munde war und obendrein in den Top Ten. Fang an, hier irgend etwas zu verbieten, es wird um so besser blühen. Und deswegen kann man das überhaupt nicht mit dem Osten vergleichen.

Das ist die Frage: Hätte es *Pankow* einen neuen Kultfaktor gebracht, wenn ihr verboten worden wärt?

▸ André: Im nachhinein vielleicht schon. Aber damals? Es gab die zehn Jahre DDR-Geschichte von *Pankow* durch Verbote aller Art, und ich habe es nie als angenehm empfunden. Ich konnte mit den Verboten nie so spielerisch umgehen wie nachfolgende Generationen von Musikern. Jeder, der mir sagte, »das ist jetzt verboten«, war mein persönlicher Feind. Gegen Ende der DDR wurde es so massiv, daß die teilweise mit Waffen hinter der Bühne standen. Da war die Bedrohung dann auch sichtbar.

Du sprachst von persönlichen Feinden. Wen meinst du damit?

▸ André: Zum Beispiel den Chefredakteur von Amiga. Es gab nur eine Schallplattenfirma. Als wir unsere erste LP, die Rockoper *Paule Panke: Ein Tag aus dem Leben eines Lehrlings* herausbringen wollten, wurde sie komplett verboten. Auch im Fernsehen hatten wir Auseinandersetzungen mit Chefredakteuren. Und wir mußten uns in der Stadtverwaltung vor Schreibtischen verantworten, weil uns Fans nachgereist sind, die angeblich gewalttätig waren.

Welches Feindbild hattet ihr?

▸ Kai: Dieter Thomas Heck. 1982 hatte die *ZDF Hitparade* erkannt, daß sie ein Lifting braucht, und uns in die Sendung eingeladen. Die Plattenfirma war begeistert. Damals gab es ja nur drei Programme, und einen Tag nach der *Hitparade* gingen meist 30 000 bis 40 000 Singles über den Tisch. Wir wollten aber nicht in einer deutschen Schlagersendung neben Toni Marshall stehen, diese Welten lagen uns zu weit auseinander. Wir lehnten ab, und Heck war sehr wütend. Er sagte: »Die werden bald wieder mit Kernseife waschen!« und all so eine Scheiße. Auch unsere Plattenfirma beschimpfte uns als Idioten und versuchte, uns unter Druck zu setzen. Allerdings waren wir schon in einer Position, in der wir sagen konnten, wir wollen das nicht machen.

Die achtziger Jahre sind auch stark mit visuellen Sachen im Bereich der Musik verbunden, sprich Videoclips. Welche Art Videoclips habt ihr mit *Pankow* gemacht?

▸ André: Im Osten gab es nur zwei Fernsehsendungen, die sich mit Rockmusik befaßten. Das war *rund*, so eine Art bunter Sendung mit Publikum und Musikbeiträgen, von der FDJ organisiert und auch von ihr dominiert. Da konnte man Playback-Auftritte machen. Und dann gab es *Stop Rock*, eine Sendung ohne Publikum, die versuchte, das zu produzieren, was vielleicht Musikvideos geworden wären. Das war genauso komisch wie der Name der Sendung. Im Grunde genommen war es eine Studioaufzeichnung mit einem mehr oder weniger neutralen Hintergrund, vor dem man spielte. Und wir dachten uns dann zu den Songs so etwas wie eine Choreographie mit Theatermitteln aus. Eine unserer Nummern hieß

Rock'n'Roll im Stadtpark. Da stellten wir einfach eine Parkbank in diese Nichtkulisse und agierten vor ihr. Das war die Art von Videoclip, die im Osten stattfand.

Das Fernsehen hatte keine Ideen?
▶ André: Doch, die gab's auch, aber man konnte froh sein, wenn man es schaffte, sich gegen diese Ideen durchzusetzen.

Wie war das bei *Extrabreit*?
▶ Kai: Ähnlich. Beim Fernsehen waren welche, die sagten: »Ja, wir haben eine super Idee!« Und dann schlugen sie bei *Hurra, hurra, die Schule brennt* irgendwelche Modellhäuschen vor, die angezündet werden sollten. Super! Den ersten Clip machten wir im Dezember 1982 zum Song *Kleptomanie*. Wir spielten in einem Hangar am Flugplatz Playback, was wirklich sehr gut aussah, weil es da so tierisch kalt war, daß beim Singen der Qualm aus dem Mund strömte. Das lief zweimal bei *Formel 1*, und das war es dann.

Im Zusammenhang mit Videoclips stellt sich auch die Frage nach dem Styling. Wie war das damals?
▶ Kai: Das war schon wichtig. Nur wurde noch alles mit einer liebenswerten Naivität vorgetragen. Ich bin Jahre mit einer Kapitänsmütze rumgelaufen, die ich immer wieder anders einfärbte. Das war mein Erkennungszeichen. Ansonsten war das mit dem Styling viel offener als heute zum Beispiel bei den Boygroups. Und die Ideen waren wirklich von uns.
▶ André: Wir hatten bei *Pankow* auch ein bestimmtes Styling. Wir bevorzugten eine Turnschuhmarke, die man im Osten kaufen konnte: chinesische Basketballschuhe. Das waren Stoffturnschuhe, so ähnlich wie die amerikanischen Allstar. Und wir nähten uns Hosen aus Markisenstoff, der eigentlich im Osten verkauft wurde, um Zelte zu nähen – aus Baumwolle, was schon was Besonderes war. Den färbten wir ein und schneiderten Karottenhosen daraus, mit Taschen kurz über den Knien an der Seite und überall mit Druckknöpfen dran.

Stichwort: Drogen. Gab es im Osten überhaupt welche, so wie man es aus dem Westen kennt? Dort bedurfte es ja nur der entsprechenden Summe Geldes.
▶ Kai: Ja, klar! Obwohl man bedenken muß, daß wir aus der Provinz kamen, aus Hagen im Ruhrgebiet. Gekifft wurde permanent, das nahm man kaum noch wahr. Das fing frühmorgens am Küchentisch an, dann telefonierten wir, gingen in den Proberaum – das hat überhaupt nicht groß behindert, im Gegenteil, es war super!

1980 machten wir das Stück *Hart wie Marmelade*, eine Art sarkastischer Abrechnung, auch mit der Popkultur. Eine Zeile heißt: »Und dann zieh' ich weißes Pulver, bis die Nasenflügel qualmen!« Das war zu einer Zeit, als wir Koks noch nie gesehen hatten. 1981 war es dann soweit, wir spielten in Berlin, und der Veranstalter sagte:

»Hört mal Jungs, wollt ihr auch mal?« Und wir: »Ja, klar!« Wir zogen das Zeug weg, und ich war so überdreht, daß ich mit Stefan Klein, unserem Gitarristen, knutschte.

Einige von uns stürzten ab. Das hat schon gebeutelt. Wir versuchten immer, das zu verarbeiten, und machten auf unserer dritten Platte ein Lied, das *Kokain* heißt und meiner Ansicht nach das Ganze sehr realistisch beschreibt.

▶ André: Bei uns waren Drogen quasi nicht existent. Freunde aus dem Westen schmuggelten mir mal etwas rüber, zu einer Zeit, als ich noch kein Musiker war. Aber ich kann nicht von Erfahrungen sprechen. Alkohol spielte dagegen eine sehr große Rolle, aber nicht so bewußtseinsverändernd wie Drogen.

In der Band begann es in dem Moment eine Rolle zu spielen, als wir in den Westen fahren durften und uns dann selber etwas besorgen konnten. Wir spielten Mitte der achtziger Jahre mal in Holland, und alle waren recht neugierig. Wir fanden das aufregend und besorgten uns auch Zeug. Allerdings eben harmlos. Solange zumindest, bis wir nach dem Zusammenbruch mit anderen Sachen konfrontiert wurden.

Apropos Zusammenbruch: Wie habt ihr den Fall der Mauer erlebt? Und wie hat sich das in eurer Arbeit bemerkbar gemacht?

▶ André: Eigentlich war ich insofern vorbereitet, als ich seit Mitte der achtziger Jahre auch im Westen war. Der Mauerfall war für mich der Endpunkt einer Entwicklung. Obwohl ich natürlich, wie die meisten anderen auch, vom direkten Fall der Mauer überrascht wurde. Diese Tage lagen zwischen extremen Hochs und extremen Tiefs.

Das begann, als sich um den 7. Oktober herum so etwas wie eine Opposition im Osten zu manifestieren begann. Das war das extreme Hoch, wobei ich sehr schnell sah, daß das nicht klappen konnte. Das Ganze endete dann auch in dem extremen Tief: Vereinigungsscheiße. Ich habe das als sehr unangenehm erlebt, zum Beispiel in Leipzig. Also fuhr ich erst mal schnell nach Amerika, um mich ein bißchen von diesem Tosen zu erholen.

▶ Kai: Das Ereignis selbst habe ich mit unglaublichem Staunen und auch sehr viel Rührung betrachtet. Ich hatte das Empfinden, daß da was passiert, was zwangsläufig passieren mußte. Da gab es die Situation mit den Flüchtlingen über Ungarn im Sommer 1989 und diese bestimmte Atmosphäre. Ich hatte einen Song angefangen, den wir allerdings nie veröffentlicht haben – neulich habe ich ihn in meinem Notizbuch wiederentdeckt –, über die Leute aus dem Osten, die im Zug saßen und sagten: »So, wir haben es geschafft. Jetzt winkt der Westen, das ist die goldene Freiheit!«

Daß dem nicht so war, wußten wir natürlich. Wir wußten, daß das hier keine Party ist. In dem Song kamen Zeilen vor wie: »Willkommen im Land des Luxus und der Moden, der schön geschminkten Toten, der dreifach verwerteten Zeit«, um zu sagen: Das, was ihr erwartet, wird anders kommen! Daß die Mauer fallen würde, war irgendwann zu ahnen, und daß das ein sehr schmerzhafter Prozeß werden würde, hatte ich mir schon gedacht. In den Neunzigern schrieb ich dann einen Song in Anlehnung an *R.E.M.:* »Das ist das Ende der Welt, die wir kennen«, der etwas sarkastisch die Ereignisse im November 1989 betrachtet. Für beide Seiten war es das Ende der Welt, die sie kannten.

Warum ist aus dem ersten Song nichts geworden?

► Kai: Das ist einfach. Wir hatten mit der Band zwei Jahre Pause. Der Song blieb liegen und war dann nicht mehr aktuell, denn er hieß *Ost-West-Expreß* und bezog sich direkt auf die Flüchtlingszüge. *Das Ende der Welt* erschien 1993.

ER iST CLOWN iN EiNEM CiRCUS
DDR Rock- und Popsplitter

■ Von Jens Quandt

»Drei, vier ... Musik!« Mit einer Stimme, die jeden Death-Metal-Sänger vor Neid erblassen lassen würde, bekundet der diensthabende Spritti im mittlerweile halbvollen Kino der Bezirkshauptstadt den Willen, daß das Konzert, bitte schön, jetzt beginnen möge. »Drei, vier ... Musik!« Schließlich hat er Eintritt bezahlt: 4,05 Mark. Die fünf Pfennig sind üblicher, sogenannter Kulturbeitrag, an wen auch immer. Der Rest deckt die Unkosten von Veranstalter und Band – oder auch nicht. Egal. »Drei, vier ... Musik!« Schwankend steht er im Gang. »Drei, vier ... Musik!« Und – das Konzert beginnt.

Das Licht verlischt, und durch die der Bühne nächstgelegene Seitentür betritt, erleuchtet von einem Punktscheinwerfer und bekleidet mit einem weißen Hemd, einer schwarzen Hose sowie einem schwarzen Frack Hans-Joachim Neumann, Namensgeber und Spiritus Rektor des Unternehmens *Neumis Rock Circus*, die Szenerie.

»Er ist Clown in einem Circus
er ist klein und auch nicht schön
doch im Circusrampenlicht
wenn er zu den Leuten spricht
ist er wunderschön
und bunt bemalt ist sein Gesicht ...«[1]

Diese Zeilen erzählen bereits viel über das, was Rock- und Popmusik im Osten war. Man nehme die Circusmanege als Metapher für ein Staatsgebilde mit Namen »DDR«, man stelle sich statt der darin im Kreis laufenden Tiere die dort lebenden Menschen vor, und man betrachte den Clown als Bild des zur Unterhaltung bestellten Vertreters der Kunst, der in Pausen alltäglicher Nummern zum Lachen bewegen soll ...[2]

»Drei, vier ... Musik!« Aus wuchtigen Boxentürmen klingen die ersten Töne, sparsam zunächst, später auch machtvoll. Trockeneisnebel, buntes Licht, dazu Texte, die jeder versteht, und Musik, die jeder kennt, von Platte und von DT[3]. Das Equipment ist beeindruckend. Dynacord, Yamaha, Fender, Marshall, Korg – so die klangvollen Namen der Herrscher des Sounds – Westtechnik fetzt. Und dann noch die Coverversionen von Titeln »echter« Bands.

»There's an institute in Chicago
with a room full of machines
and they live this side of the sunrise
and burn away your dreams ...«[4]

Gitarrensolo? Ja, so hat man's im Ohr. Wie das Original. Urst.

Will man verstehen, was sich in den achtziger Jahren in Sachen Rock und Pop DDR-weit ereignet, muß man in die Vorzeit gehen, in der viel von dem entstanden ist, was von DDR-offizieller Seite gern als eigenständige Errungenschaft gefeiert, vom Publikum als gegeben hingenommen wird und bei genauerer Betrachtung einer bestimmten Zwanghaftigkeit nicht entbehrt.

Bereits in den Siebzigern beginnend, haben sich Anfang der Achtziger deutsche Texte als die einzige dem sozialistischen Kulturbetrieb adäquate Form der künstlerischen Äußerung durch staatliche Einflußnahme nicht nur in der Rockmusik durchgesetzt. Während man im weggeteilten Westen einen neuen, von anglo-amerikanischen Mustern freien, musikalisch wie auch textlich unverstellt bis naiv-dilettantischen Weg probiert, sind im Osten zeitgleich lyrische Verkunstung und Doppelbödigkeit sowie musikalische Weitschweifungen en vogue.

So erscheint 1980 das episch-chorhafte Werk *Die Sixtinische Madonna* der Gruppe *Electra* als Mitschnitt eines DT-64-Jugendkonzertes aus dem Palast der Republik. Die drei Teile *Der Maler, Das Bild* und *Der Betrachter* bringen es in ihrer Gesamtheit als Rocksuite auf immerhin 26 Minuten Spielzeit und sind eine andere Art der Betrachtung des bekannten, überlebensgroßen Gemäldes von Raffael[5], angereichert mit musikalischen Zitaten aus der Zeit des Malers. Kein Einzelfall. Noch ambitionierter fällt ein Jahr später das bombast-elektronische Konzeptalbum *Reise zum Mittelpunkt des Menschen* der Gruppe *Stern Meissen* aus. Mit Titeln wie *Allein, Hinwendung, Romanze, Innenwelt* und *Menschenzeit* ergießt sich eine Dreiviertelstunde lang eine Flut lyrischer Grundsatzphilosophie und sinfonischer Dichtung über den Hörer, die schmunzeln läßt, aber auch staunen macht.

In den siebziger Jahren setzen Bands wie die *Klosterbrüder* (später *Magdeburg*), *Lift, Karat,* die *Puhdys, Stern-Combo-Meissen* (ab 1980 nur noch *Stern Meissen*), *Panta Rhei, City,* die *Modern-Soul-Band* (kurz *MSB*), *Electra* (gegründet als *Electra-Combo*) und natürlich *Renft* (vormals *Klaus-Renft-Combo*) den Weg von *Team 4, Theo Schumann, Sputniks, Franke-Echo, Music Stromers* aus den Sechzigern bzw.

den eigenen, damals beginnenden fort und verleihen dem Rock ein eigenes Gesicht. Dabei sehen sich die Bands der Sechziger mit den ersten Grundsatzdokumenten[6] von Partei und Regierung zu Fragen der Rockmusik konfrontiert, erleben jene in der zweiten Hälfte der Siebziger bis zur Mitte der Achtziger verstärkt deren »konsequente Umsetzung«[7], sowie diejenigen in der zweiten Hälfte der Achtziger einen »differenzierteren Umgang« damit infolge weiterer gesellschaftlicher Veränderung. Ständig im Spannungsfeld zwischen staatlicher Auffassung und Vorgabe, was Rockmusik sei, und dem, was sich hörbar jenseits der Grenzen abspielt und Rockmusik ist, suchen etliche Bands ihren Weg zwischen »Anpassung und Widerstand«[8].

Dabei entbehrt der Fakt erzwungener Deutschsprachigkeit einer gewissen Kuriosität nicht, wenn man bedenkt, daß damit nicht nur der jeweils zensierenden Behörde bzw. Einrichtung die Möglichkeit des »Verstehens« gegeben wird, sondern auch einer Vielzahl möglicher Hörer. Man stelle sich vor, der DDR-Rocker wäre gezwungen gewesen, seine Texte, so er es denn will – denn nicht alle wollten dies und taten dies –, nicht nur virtuos metaphorisch zu verschlüsseln, sondern auch noch ins Englische zu übersetzen, und der Hörer das Ganze retour …? Welch ein Message-Verlust! Welch eine Verwirrung?!

Auf diese Art jedoch entwickelt sich ein Höchstmaß an textlicher, aber auch musikalischer Perfektion, frei nach dem Motto »Wenn ich schon nicht texten darf wie Jagger, dann spiel ich wenigstens so wie Richards … oder besser«. Die Möglichkeiten dafür sind durchaus gegeben. Musikalisches Handwerkszeug kann man verschiedentlichst erwerben – Musikkabinette, Musikschulen, Spezialschulen für Musik, Musikhochschulen. Nicht jeder, der diesen Weg einschlägt, hat unbedingt eine klassische Laufbahn im Sinn. Und so findet man denn auch unter den Musikern etlicher Bands über die Jahre diverse Absolventen der Tanzmusikabteilungen von Hochschulen für Musik in Rostock, Dresden, Leipzig, Weimar oder auch Berlin.

Sowohl frühere Bands wie *City, Stern-Combo-Meissen* und *Karat* wie auch Bands vom Schlage *Pankow, Silly* und *Reform* oder eingangs erwähnter *Neumis Rock Circus* profitieren von dieser Möglichkeit. Und die ist wichtig, weil musikalisch professionell bereits ein möglicher Stein des Anstoßes am »Gesamtkunstwerk« so gut wie ausgeräumt ist; was bleibt, ist »nur noch« der im jeweiligen Falle nackte Text als etwaiger Angriffspunkt der Auseinandersetzung mit den »entscheidenden« Institutionen von Staat und Partei. Diskussion findet statt, weg vom formal Künstlerischen hin zum konkret Inhaltlichen: »Das geht … das geht nicht … so sind unsere Menschen aber nicht … das bietet dem Klassenfeind einen möglichen Angriffspunkt … das seht ihr dann wohl falsch!« Wenn Diskussion stattfindet, dann so, anders oftmals auch, sowie auch gar nicht.

Konzertveranstalter in der DDR gibt es reichlich, allerdings sind alle bis auf eine Ausnahme staatlich. Ob nun das Klubhaus (zum Beispiel eines Betriebes), der Jugendklub (zum Beispiel einer Universität), die KGD (Konzert und Gastspieldirektion), die FDJ (Freie Deutsche Jugend), die SED (Sozialistische Einheitspartei Deutschlands) oder eine ihrer Blockparteien, die NVA (Nationale Volksarmee), der FDGB (Freier Deutscher Gewerkschaftsbund) oder die Künstleragentur (besonders in Fragen wie: »Wann geht's mal ins Ausland?«) – alle beschreiten denselben ideologisch vorgegebenen Weg, wenngleich auch die Auffassung über das Wie variiert. Wenn dort nichts geht, geht hier noch was; wird's hier zu starr, ist's dort vielleicht noch lockerer. Doch wenn man durch ist, ist man durch, hier wie dort. Wer soweit ist, kann nirgendwo mehr öffentlich spielen und findet höchstens noch in der Kirche einen Raum für seine Botschaft. Denn die Kirche bietet in dieser Zeit die letzte Zuflucht dieser Art in der DDR und bildet somit das Ende der sozialistischen Fahnenstange.

Gleichwohl geht hier und da erstaunlich viel, liest man zum Beispiel die folgenden Zeilen:

»Die Luft ist vergiftet
die Gewässer vermistet
das Land ausgesaugt
von Geiern beklaut
von Hunger geplagt
von Krankheit zernagt
ohne Rast, ohne Ruh
geht's dem Untergang zu …

Die Städte verödeln
die Leute verblödeln
durch die Arbeit zerhackt
in Familien versackt
im Konsum ertrunken
ins Fernsehn versunken
ohne Rast, ohne Ruh
geht's dem Untergang zu …

Alles Scheiße
ob in Nord, Ost, Süd oder West
überall nur Horror
und geistige Pest …«[9]

Ein Unfall staatlicher Zensur?

In den Achtzigern verzweigen sich die musikalischen Unternehmungen in der DDR zusehends. Staatlicherseits bereits in den Siebzigern ins Leben gerufene Veranstaltungsreihen wie die »Werkstattwoche Jugendtanzmusik der FDJ« oder die »Leistungsschau der Amateurtanzmusik« sind bei aller Vereinnahmung und Kontrolle immer auch eine Möglichkeit für Varianz.

Bis zu 350 Bands und Solisten stellen sich jährlich einer Jury, auch Beratergruppe genannt, zur Beurteilung, zunächst in den jeweiligen Bezirken, dann auf »zentraler Ebene«. Als Preise winken Fördergelder, -verträge oder gar Plattendeals, wobei der Deal in lediglich einem Fakt besteht, überhaupt eine Platte machen zu dürfen.

Hat man einmal den Titel »Hervorragendes Amateurtanzorchester der DDR« verliehen bekommen, darüber hinaus vielleicht gar einen befristeten Berufsausweis als Musiker erhalten und damit verbunden eine Höhergruppierung beim jeweils gesetzlich festgelegten Honorar, ist man schon nahe an dem, was die erste Liga – *Silly, City, Karat,* die *Puhdys* etc. – bekommt (die Gagen sind nach einem fiktiven Ostmarktwert frei vereinbar) und darf (auf Grund von Popularität und künstlerischem Vermögen). Trotzdem bleibt den meisten das musikalische Oberdeck verwehrt.

Doch die Achtziger bringen in der Musik nicht nur quantitative Veränderungen, auch qualitativ soll sich einiges wandeln, wenngleich aus Sicht einiger »Leitender« eher zum Schlechten. Da machen plötzlich Bands von sich reden, die genauso auftreten wie die stets als abschreckendes Beispiel aufgerufenen Gruppen in England oder den USA. Bilder, die man nur aus dem Westfernsehen kennt, von jungen Leuten in Punk- und Gruft-Outfit, schwarz gekleidet, mit Lederjacke und buntem Haar, tauchen auch in den heimischen Medien auf, genauso wie die dazugehörige Musik aus diesem, dem eigenen Land.

Mitte des Jahrzehnts betreten die sogenannten »anderen Bands« die Szenerie. Bands, die sich als Gegenstück zu den bereits etablierten Gruppen verstehen, die ihre Wurzeln eher in Punk und Wave sehen denn in der »spezifisch« ostdeutschen Entwicklung jener Zeit und deren eigene »Entfaltung« sich aus der Rückschau umgekehrt proportional zu der des Landes DDR verhält.

Die »Alten« haben sich an den bestehenden Strukturen abgearbeitet, haben Federn gelassen, ihre Flügel verloren oder sind des Landes verwiesen worden. Das beständige Rütteln am engen Korsett zeitigt Wirkung – doch das Korsett bleibt Korsett, und die Luft ist noch immer zu knapp.

Der Mainstream fließt noch, schlägt hier und da Wellen; Geschwindigkeit und Druck entstehen jedoch »am Rand«. Mit dem Recht auf eigene Ziele, Vorbilder und Fehler sowie der Kraft und Wut, anderes bewirken zu wollen und können, treten Bands wie *Hard Pop, Feeling B, Sandow, WK 13, Mixed Pickles, AG Geige, Die Art, Die Skeptiker* und andere zunehmend ins öffentliche Bewußtsein. Das Radio spielt ihre Songs[10], erste Platten kommen »auf den Markt« und gehen weg wie warme Semmeln.

Das Land ist »luftiger« geworden und erstickt doch gleichzeitig an zuviel geschaffener Struktur, das Land gewinnt an Geschwindigkeit, und gleichzeitig verliert es sie auch. Nicht zuletzt die Entwicklungen in der Sowjetunion wie Glasnost und

Perestroika sorgen dafür, daß mehr und mehr Kritisches »passiert« – sowohl die Behörden wie auch vor Ort. Kann man Ende der Siebziger und Anfang der Achtziger noch namhafte Künstler des Landes verweisen[11], ist dies nun so nicht mehr möglich.

Die staatlicherseits geforderte »Breite und Vielfalt«[12] auf dem Gebiet der Unterhaltungskunst, wozu Rock und Pop ebenso wie Schlager und Chanson zählen, trägt Früchte, doch anders als geplant. So entstehen zunehmend private Tonstudios, oftmals auf abenteuerliche Art und Weise. Nicht nur, daß es in der DDR im Prinzip ohnehin nur eine Firma für diesen »Sektor der Konsumgüterproduktion« gibt und das Maß der Verfügbarkeit dieser Produkte, die Möglichkeit des käuflichen Erwerbs gegen Null geht – nein, der junge Musiker bzw. angehende Tontechniker sieht sich ob des nostalgischen Standards dieser Geräte oftmals gezwungen, zu üblichen Tauschkursen westliches Equipment einzukaufen: über den, der einen kennt, der manchmal rüberfährt und dann, wenn alles klappt, vielleicht versteckt, und wenn's der Zoll nicht merkt, eventuell im Herbst … Der Großteil musikalischer Produktionen entsteht zu jener Zeit in ebenjenen Studios.

Tausende, Zehntausende, Hunderttausende Mark stecken in diesem Equipment, das dann mit der Währungsunion 1990 schlagartig fast wertloser Schrott werden wird. Die »Endabnahmestellen« in puncto klanglicher Produktionsstandard bleiben jedoch bis zum Schluß die Schallplatte und der Funk, was nicht jeder Band musikalisch bekommt. Gerade die »anderen Bands« mit ihrer rauhen, spontanen Art von Musik kollidieren mit der glatten Soundästhetik und geplant technischen Vorgehensweise in den Studios. Doch auch hier geschehen Zeichen und Wunder, verletzen Ausnahmen die Regel wie im Fall der *Electric Beat Crew*[13], die im eigenen Kleiderschrank bzw. Bad die Aufnahmen zu ihren HipHop-Tracks realisiert und – damit durchkommt.

So reduziert sich die Möglichkeit der Einflußnahme von oben zusehends; Amiga und der Rundfunk erhalten produktionsseitig Konkurrenz, sind aber weiterhin die einzigen, staatlich autorisierten Verleger dieser Musik.

Wie aber nun steht es um die künstlerische Entwicklung in der DDR? Wie bereits beschrieben, läßt sich eine stetige Zunahme an Bands verzeichnen, wobei eine genrespezifische Aufteilung zwar möglich, jedoch zugleich auch widersinnig ist, denn sie ist nur grob, erklärt nur mäßig und wird zudem von den meisten Musikern abgelehnt, eine Beschreibungskrücke aber ist sie allemal.

1980 erscheinen unter anderem das geradeaus-hardrockorientierte Album der Gruppe *Magdeburg*, das lyrisch-synthibetonte Album *Schwanenkönig* von *Karat*, das bereits erwähnte episch-chorhaftklingende Live-Album *Die Sixtinische Madonna* von *Electra* und das parodistisch-rockig produzierte Album von *Neumis Rock Circus.* 1981 folgen unter anderem das anspruchsvoll-bluesinspirierte Album *Tagtraum* von *Engerling* und das ebenfalls bereits erwähnte ambitioniert-bombast-elektronische Album *Reise zum Mittelpunkt des Menschen* von *Stern Meissen.* Weitere markante Platten nachfolgender Jahre sind unter anderem: Reinhard Lakomys *Das geheime Leben* (1982) als eigene Variante soundtechnischer Tüfteleien à la *Tangerine Dream*; *Kille Kille Pankow* von *Pankow* (1983) als Beispiel von Einflüssen aus R&B, Rock'n'Roll und New Wave (*Pankows* eigentliches Debüt *Paule Panke* wird vom regierenden Amiga-Boß zuvor »geerdet«); *Mont Klamott* von *Silly* (1983) als Beweis, daß ostdeutsche Rock- und Popmusik zu dieser Zeit soundtechnisch und künstlerisch mitnichten hinter der westdeutscher Machart zurücksteht; *Computerkarriere* der *Puhdys* (1983) mit dem gnadenlosen Ostpendant zur Neuen Deutschen Welle/West in Form des Titels *Jahreszeiten*; sowie *It's only Rock'n Roll, Die Gitarreros live in Concert* (1986) als Beispiel für ein ostdeutsches Allstar-Projekt mit Musikern verschiedenster Bands *(NO 55, Stern Meissen, Karat, Pankow, Silly, City, Rockhaus).*

Bis in die Mitte der achtziger Jahre hinein dominieren diese und ähnliche Bands den ostdeutschen Sound. Ob auf Platte, im Fernsehen[14] oder im Radio – ihre Songs werden gespielt (mit einigen wenigen Ausnahmen), ihre Sounds sind präsent. Daß dieser Klang ein sehr eigener ist, läßt sich schnell feststellen. Dabei sind technische Bedingungen der Mangelwirtschaft genauso prägend wie gesellschaftspolitische Denkmuster, westliche musikalische Einflüsse vorhanden, doch nicht dominant, und lyrische Texte manchmal eher dem Liedschaffen eines Schubert oder Brahms verhaftet denn dem eines Dylan, Lennon oder Springsteen.

Manchmal extrem verquast, manchmal doppelsinnig-klug, agieren diese Gruppen vielfach auf einem hohen künstlerischen Niveau, haben ihre Nische als »wunderbunte Vögel« besetzt, sich eingerichtet und arrangiert, sind unzufrieden, doch auch zufrieden, träumen noch, sind nicht heldenhaft, doch oftmals couragiert, sind glücklich und traurig, lautstark und still – so wie ihre Kollegen im Westen auch.

Eine eigene Welt mit eigenen Gesetzen und Regeln, mit Helden, Feinden, Outlaws, Gewinnern und Verlierern sowie mit eigenen ästhetischen Ausprägungen entsteht. Und so spüre man den Gefühlen und Stimmungen nach: in *Pankows Aufruhr in den Augen, Langeweile* oder *Hans Negativ; Sillys So 'ne kleine Frau, Schlohweißer Tag* oder *Über ihr taute das Eis*; aber auch in *Es gibt Momente* als Coverversion der *Zöllner* (… im Original von Hansi Biebl), in *Sandows Born in the G.D.R.* oder *Herbst in Pekings Bakschischrepublik.*

Flüstern & Schreien[15] heißt der Film, der einen Teil dessen dokumentiert, was populäre Musik in den Endachtzigern im Osten ist. Ein Roadmovie, das den Weg vier recht unterschiedlicher Bands on tour dokumentarisch nachzeichnet; *Feeling B, Sandow, Chicoree* und *Silly*.

Silly verkaufen in der DDR eine knappe Million Platten. Reich werden sie dadurch nicht. Eine Gewinnbeteiligung gibt es nicht, Privilegien ja. Finanzielle Fiaskos durch etwaige Mindereinnahmen bei Konzerten drohen kaum, ist es doch im Prinzip egal, ob eine Band vor 20 oder 20 000 Leuten spielt. Die Gage ist fest, zuvor vertraglich vereinbart, manchmal sogar zuvor gezahlt, kann kommen, wer will, oder auch nicht – das Risiko ist gleich Null. Eher reißt ein defektes Keyboard vom Typ DX 7 zum mittleren Preis von 24 000 Mark eine Band ins Verderben denn ein schlechtbesuchtes Großkonzert.

Diese sind sogar weitestgehend gut frequentiert, denn die Gigs, die »Mugge«[16] heißen, und die Shows, die dann Spektakel sind, bieten dem Fan und normalen Hörer die Möglichkeit zur Flucht – Flucht aus dem Alltag, Flucht aus dem Grau, Flucht vor Erziehern jeglicher Art, auch zur Flucht vor sich selbst. Jetzt haben die »anderen Bands« den größeren Zulauf, die bisherigen Helden melden sich zunehmend ab[17]. Sie haben das Ihre getan, mit der ihnen eigenen Sprache, den ihnen eigenen musikalischen Mitteln, früher und in einem früheren Land.

»Nach Süden, nach Süden / wollte ich fliegen, / das war mein allerschönster Traum. / Hinter dem Hügel / wuchsen mir Flügel, / um vor dem Winter abzuhaun, / abzuhaun …«[18] Der Circus DDR schließt die Pforten, das Publikum geht jetzt selten noch aus – und der Clown? Mit seiner Art kindlichen Aufbegehrens – furchtlos und zugleich auch erschreckt, hart, doch niemals brutal, mit seinem lachenden und weinenden Auge, stark auf Distanz und doch auch ein Teil? Clowns sterben nie. Sie leben in Köpfen, in Herzen und unter uns.

1 aus *Der Clown* vom Album *Neumis Rock Circus*, 1981
2 Dieses Bild, immer wieder neu gezeichnet, liest sich ein paar Jahre später beispielsweise wie folgt: »Man sendet keine Büttel mehr / die das Gestühl zerschlagen / im besten Falle geht dir noch / Herr Fiskus an den Kragen. / Wenn du bei Hofe aufmarschierst / salutiern die Wachen / man räumt dir ein, Ventil zu sein / man läßt dich Lachen machen.« (aus *Dein Cabaret ist tot* vom Album *Bataillon D'Amour* der Gruppe *Silly*, 1986)
3 Kurzform des Kürzels DT 64, für das nach dem Deutschlandtreffen der FDJ 1964 benannte und gegründete Jugendradio der DDR
4 aus *Chicago Institute* von *Manfred Mann's Earth Band*, 1977
5 Die *Sixtinische Madonna* ist Teil der Sammlung *Alte Meister* in der Gemäldegalerie Dresden.
6 vgl. 11. Plenum der ZK der SED zu Fragen von Kultur und Ideologie, 1965
7 vgl. Verbot der Gruppe *Renft* 1975 und die Aussiedlung von Nina Hagen und ihrer Mutter 1976 im Zusammenhang mit der Ausbürgerung ihres Stiefvaters Wolf Biermann
8 vgl. *Popmusik in der DDR – Zwischen Anpassung und Widerstand* von Peter Wicke in *»but I like it«*, Reclam Verlag, Stuttgart 1998
9 aus *Hans Negativ* vom Album *Hans im Glück* der Gruppe *Pankow*, 1985 (Erstaunlicherweise erregt *Pankows* Text beim damaligen Amiga-Plattenboß nur mit der Zeile »überall nur Horror und geistige Pest« Anstoß. Dabei wird aus der ursprünglichen Vokabel »Terror« der nun dokumentierte »Horror« – eine Änderung, der *Pankow* sich nicht wesentlich widersetzt. Warum auch?)
10 Lutz Schramm startet am 27. März 1986 die dem Underground verpflichtete Sendung *Parocktikum* auf DT 64.
11 1979 erscheint das zweite Album *Circulus* von Holger Biege – das dritte unter dem Titel *Sonnenmeer* wird nie veröffentlicht; Biege verläßt 1983 das Land. 1980 erscheint das letzte Album *Goldene Brücken* von *Veronika Fischer & Band*; Veronika Fischer, Franz Bartzsch und Frank Hille verlassen nicht zeitgleich, jedoch bis 1984 das Land. 1981 erscheint das Album *Der lange Weg* von Hansi Biebl (auch er in den Siebzigern Mitglied bei Veronika Fischer & Band); *Der lange Weg* ist sein zweites und letztes Solo-Album in der DDR. 1981 erscheint das Debüt von *Neumis Rock Circus* (Hans-Joachim Neumann war Gründungsmitglied der Gruppe *Karat* 1975); dem Debüt folgen keine weiteren Alben des *Rock Circus*; Neumann verläßt die DDR. Anfang 1984 finden die Aufnahmen zum dritten Album *Folk, Blues & Boogie* von Stefan Diestelmann im Amiga-Studio Berlin statt; die Aufnahme erscheint nicht mehr als Platte, sondern lediglich in einer geringen Stückzahl als Kassette; Diestelmann geht 1985 gen West.
12 staatlicherseits geforderte Entwicklung von Kunst und Kultur hin zum singenden Arbeiter, zur malenden Bäuerin, aber auch zum »arbeitenden« Sänger und zur agrarwirtschaftlich tätigen Malerin

13 Die erste Veröffentlichung der *Electric Beat Crew* wird im Frühjahr 1989 durch Amiga realisiert, die Auflage beträgt 11 000 Stück. Die EP ist in kürzester Zeit ausverkauft; eine weitere Auflage gibt es nicht.
14 Die entsprechenden Sendungen heißen *rund, Stop Rock* und *dramms.*
15 in der Regie von Dieter Schumann und Jochen Wisotzki, DEFA, 1988
16 Bezeichnung für eine künstlerische Auftrittsmöglichkeit, Abkürzung für »Mu-sikalisches G-elegenheits-ge-schäft«
17 vgl. *Rocksommer '88* in *melodie und rhythmus*, Heft 10/88 (zum Konzert der »anderen Bands« finden sich rund 3500 Besucher ein, bei *Silly* rund 1500)
18 aus *Nach Süden* vom Album *Tagesreise* der Gruppe *Lift*, 1978

Jens Quandt, Jahrgang 1964, studierte Musik-, Kultur- und Medienwissenschaften an der Humboldt-Universität, Berlin. Abschluß als Diplom-Musikwissenschaftler. Seit 1990 tätig als Autor, Redakteur, Moderator und Produzent bei den Radiosendern DT 64, SFB2, RockRadio B und FRITZ (seit 1993).

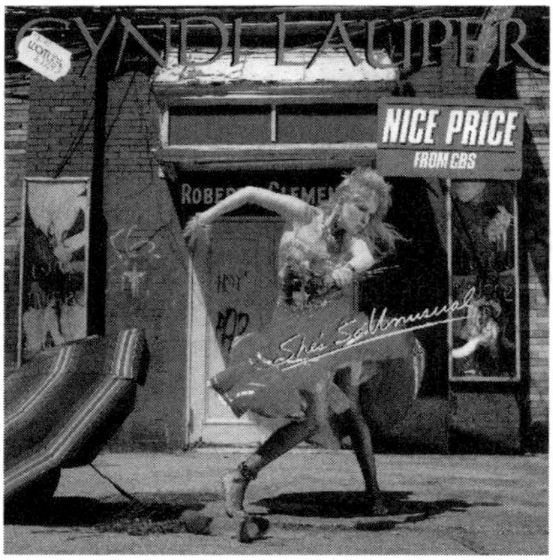
CYNDI LAUPER
NICE PRICE
FROM CBS
She's So Unusual

DOLCE VITA
Spider Murphy Gang
MIT DEN HITS:
"Skandal um Rosie" und "Schickeria"

SPECIALS
A MESSAGE TO YOU RUDY
DO THE DOG
IT'S UP TO YOU
NITE KLUB
DOESN'T MAKE IT ALRIGHT
CONCRETE JUNGLE
TOO HOT
MONKEY MAN
(DAWNING OF A) NEW ERA
BLANK EXPRESSION
STUPID MARRIAGE
TOO MUCH TOO YOUNG
LITTLE BITCH
YOU'RE WONDERING NOW
GANGSTERS

TECHNiK

MONEY FOR NOTHiNG
Nur Wasser und CDs

■ **Von Volker Düspohl**

Es war ein magischer Moment, ein Moment, den ich nie vergessen habe. Endlich hielt ich die schimmernde Plastikhülle in meinen Händen, faßte sie vorsichtig an ihren Rändern, versuchte sie mit sanftem Druck meiner Fingerspitzen zu öffnen und … nichts. Gescheitert. Zweiter Versuch, leichte bis mittlere Druckerhöhung, man wollte ja nichts kaputtmachen, irgendwie klemmte es, mußte doch gehen, ging auch, ein Ruck, endlich. Da lag sie vor mir. Schön war sie, rund, silbern und verführerisch glänzend. Ich wollte sie anfassen. Ich nahm sie außen zwischen Zeigefinger und Daumen und zog und zog, und sie bog und bog sich, aber die kleinen Klemmen in ihrer Mitte lie-ßen-ein-fach-nicht-los. Wie gesagt, ein magischer Moment.

Barclay James Harvest mit ihren ersten CD-Playern

Wo hatte er stattgefunden und wann, und war ich überhaupt dabei? Keine Ahnung. Aber so oder ähnlich war es bestimmt gewesen. Als die ersten CD-Player am 2. März 1983 im bundesdeutschen Hi-Fi-Fachhandel auftauchten, ging das völlig an mir vorbei. Desgleichen die Funkausstellung ein halbes Jahr später, auf der die CD sicherlich der völlige Abräumer war. Ich habe mich nicht darum gekümmert. Warum auch? Konnte denn wirklich jemand ernsthaft glauben, daß diese lächerlich kleinen, silbernen Scheiben die komplette Unterhaltungswelt umkrempeln würden? Und was hieß überhaupt Unterhaltung, hier ging es ja wohl um Musik, und ein ernsthafteres Thema als Musik kannte und kenne ich nicht. Ich ging völlig in meinem Job als DJ auf und setzte mich täglich mit neuer Musik auseinander, aber eben solcher auf Schallplatten, aus ehrlichem Vinyl und mit meist zwölf Zoll Durchmesser. Und allen anderen, die ich kannte, ging es ähnlich. Keiner von uns, meist Studenten oder ähnliche Hungerleider, verschwendete auch nur einen Gedanken an den Kauf eines CD-Players.

Die standen im Laden und kosteten 2000 DM. Unerschwinglich für uns. Und so merkten wir gar nicht, wie um uns herum die Dämme brachen. Allein in Deutschland setzte Systemerfinder Philips im ersten Jahr 64 000 Stück ab, dreimal soviel wie geplant. In den folgenden sechs Jahren wurde die Stückzahl jeweils verdoppelt. Und das Irrste war: Die Leute kauften nicht nur CD-Player, deren Preise relativ schnell sanken, sie kauften gleich neue Anlagen, Kopfhörer, schlicht alles, was der Handel unter dem Label »digitalfest« sonst noch so zu bieten hatte. Anders gesagt: Die CD rettete einer Menge Leute den Arsch.

Bis 1983 waren die Konsumenten nämlich ziemlich glücklich mit dem, was sie sich in den Siebzigern an Elektronik angespart oder geerbt hatten, sei es ein Philips *Mr. Hit*-Monoplattenspieler mit Lautsprecher im Deckel, sei es der *Universum*-Hi-Fi-Turm von Quelle, der vor allem durch Reglerreichtum Prestigegewinn versprach. Die Konsumenten waren's zufrieden und konsumierten einfach nicht mehr, in den Hi-Fi-Läden herrschte Rezession. Mit der CD wurde alles anders.

Wie konnte das geschehen? Zuerst einmal durch Höhen. Die Achtziger waren das Jahrzehnt der Höhen (so wie die Neunziger das Jahrzehnt der Bässe waren, aber das ist eine andere Geschichte, ich sage nur »Subwoofer«). Digitale Aufnahmetechnik etablierte sich in den Studios und ermöglichte im Zusammenspiel mit der CD das Erreichen eines bis dahin ungeahnten Höhenpegels. Und das fanden alle erst einmal toll, Musiker, Produzenten und nicht zuletzt der Hörer. Der hatte ja immer schon gerne den Loudness-Knopf an seiner Anlage gedrückt und Bässe und Höhen reingedreht, weil es sonst so flach klang. Jetzt, mit den neuen Songs auf den neuen CDs, konnte man in Höhendimensionen vorstoßen, die kein Mensch zuvor betreten hatte.

Auf einen definitiven Song zum Vorführen einigten sich die Hi-Fi-Verkäufer auch schnell: *Money for nothing* von den *Dire Straits.* Mainstreamrock von der Sorte, die wirklich niemandem wehtat, aber vor allem sehr effektvoll produziert war. Gastsänger Sting säuselte zu Anfang des Songs sein »I want my MTV«, während die Jungs von der Hi-Fi-Front unauffällig ihre Vorführanlage aufdrehten und der Kunde sich in Sicherheit wiegte. Aber dann setzte volle Pulle das Schlagzeug ein, dem Kunden flogen die Ohren weg, und sein Denkvermögen wurde auf bloßes Gestammel reduziert: »… auch haben wollen!« Unter anderem auf diese Tour entwickelte sich das dazugehörige Album *Brothers in Arms* zur meistverkauften CD aller Zeiten. Denn diesen Vorführeffekt wollte man am heimischen Herd jederzeit wieder abrufen können.

Nur, so stellte sich die bohrende Frage, vertragen das meine alten Boxen überhaupt? Und der Verstärker, was ist mit dem? All diese Probleme ließen sich lösen, die Industrie war gerne behilflich. Der CD-Boom weckte sogar einheimischen Unternehmergeist, der auf dem Gebiet der Unterhaltungselektronik bereits Ende der Siebziger von der japanischen Invasion plattgemacht worden war. Im hessischen Mittelgebirge etablierten sich Boxenbauer, deren besonders spitz klingende Lautsprecher einen ordentlichen Marktanteil eroberten. Dieses Phänomen wurde in der

Hi-Fi-Presse erst gehypt, um dann Anfang der Neunziger als »Taunussound« gedisst zu werden. Ansonsten ging's allen bestens. Goldgräberstimmung, wohin das Ohr auch hörte. Ich hatte mittlerweile auch einen CD-Player (600 DM) und schloß mich dem allgemeinen Empfinden an, daß CDs irgendwie wertvoller als Vinylscheiben seien. Das lag natürlich erst mal am Preis.

Während Anfang der Achtziger ein neues Vinylalbum problemlos für 15,90 DM zu bekommen war, kosteten CDs bei der Markteinführung 1983 immerhin 37 DM. Trotzdem wurden davon sofort 900 000 abgesetzt, in den folgenden zehn Jahren stieg der Absatz auf mehr als das Hundertfache (120 Millionen CDs 1993). Außerdem waren CDs superpraktisch in Plastik verpackt, total unempfindlich und sowieso ewig haltbar – erzählten jedenfalls die Hersteller. Selten so gelacht. Wenn die Jewelbox, so heißt die klemmfreudige Plastikhülle, auch nur einmal runterfällt, bricht garantiert einer der seitlichen Halteschniepel des Deckels ab: Ärger. Und was Fingerabdrücke oder kleine Kratzer auf der CD-Oberfläche anrichten können, brauche ich heute wohl niemandem mehr zu erzählen.

Trotz all dieser Fehlkonstruktionsaspekte war es schon faszinierend zu beobachten, wie sich im Verlauf des Jahrzehnts die Verkaufsregale für CDs in den Plattenläden ausbreiteten. Wie sie die Vinylplattenregale an die Wand drückten und schließlich zu Sperrmüll degradierten. Eines Tages gab's LPs nur noch in den kleinen Läden für Freaks zu kaufen, ihr Marktanteil war auf 3,5 Prozent gerutscht. Auch ich hatte jahrelang gläubig vor der Anlage gesessen und mich des technischen Wunders erfreut, wie Musik in 16stellige Zahlen umgerechnet werden kann und der Vorgang auch rückwärts funktioniert. Irgendwann kamen dann aber doch Zweifel auf, ob das Ganze wirklich verlustfrei funktioniert. Und so eine LP, mit dem Cover zum Anfassen und diesem Ritual des Auflegens behaftet, das hat was.

Wer hatte der CD eigentlich zum Durchbruch verholfen? Die Masse der Käufer war vor allem fasziniert vom simplen Handling, das lästige Hantieren mit Tonarm und Antistatiktuch fiel flach, und endlich war Musik voll fernbedienbar vom Sofa aus zu genießen. Aber die Leute, die im ersten Jahr die riesige Menge an 2000-DM-Playern gekauft hatten, waren alles andere als Masse. Intensive Marktforschung von Philips ergab nämlich, daß diese Käufer im Schnitt 400 LPs besaßen und vor allem an besserer Wiedergabe interessiert waren. Hi-Fi-Freaks eben. Daß sie viele ihrer 2000-DM-Player relativ schnell verschrotteten, lag an der oft harschen und auf Dauer nervenden Wiedergabe vor allem der Höhen: Aber da gab es ja schon die nächste, garantiert viel bessere Generation.

Dabei hatte die Industrie bei Markteinführung der CD noch so eine Art Klangsozialismus verkündet: »Jede CD klingt auf jedem CD-Spieler gleich gut!« Harhar. Auch bei den Wiederveröffentlichungen älterer Platten auf CD, dem Hauptgeschäft der Plattenindustrie, wurden immer wieder originalere Originalbänder entdeckt, die flugs mit noch aufwendigerer Verpackung oder als Box unters Volk gebracht wurden. Die Verdienstspannen stimmten jedenfalls. Und schließlich wollten's die Leute ja so.

Einer Erfolgsstory wie der der CD rennt die Unterhaltungsindustrie seitdem vergebens hinterher. DAT und DCC konnten sich auf dem Massenmarkt nicht durchsetzen, und auch die Minidisc kommt nur langsam aus den Startlöchern. Die Konsumenten üben sich im Abwarten und Teetrinken. Eins haben sie nämlich gelernt: aufzupassen wie ein Schießhund, wenn wieder mal klangliche Revolutionen ausgerufen werden. Wie unschuldig waren dagegen die siebziger Jahre, als die Seifenwerbung im Fernsehen ungestraft verkünden durfte: »An meine Haut lasse ich nur Wasser und CD!«

Volker Düspohl, geboren und aufgewachsen im ostwestfälischen Gütersloh, wo Bertelsmann und Miele das provinzielle Bewußtsein bestimmen, 1979 nach Berlin geflüchtet. Die achtziger Jahre verbrachte er hauptsächlich in dunklen Löchern, wo er Platten auflegte und Spaß hatte. Nebenbei studierte er Publizistik, probierte sich in diversen Jobs bei Zeitschriften und Fernsehen aus, fuhr zur Erholung ab und zu LKWs und landete 1990 schließlich beim Radio. Startete als Autor bei Radio 4U und redakteurt heute bei FRITZ herum. Erkrankte Ende des Jahrzehnts am Hi-Fi-Virus, ist mittlerweile aber so gut wie genesen, also fast.

ICH GEB GAS, ICH WILL SPASS
Von erlaubten und unerlaubten Autos

■ **Von Günther Rau**

Die achtziger Jahre waren das letzte Jahrzehnt, das drei Sorten von Spaßautos vorrätig hielt: zeitlos schöne, schnelle Autos, die beim Druck auf das Gaspedal einfach Spaß machten, Autos, bei deren bloßer Betrachtung sich aufgrund ihrer merkwürdigen Form große Heiterkeit einstellte, und Autos, deren Designer sich vermutlich einen schlechten Scherz erlaubt hatten.

Wer kennt sie nicht: Opel Manta, Ford Capri, Granada und Consul, VW Golf, Audi Quattro, die Charleston-Ente von Citroën, Mercedes 190, VW Käfer, Renault R4, BMW 323i und 3er Cabrio, oder Porsche 924 – nur einige Namen legendärer Automobile, die das Straßenbild prägten. Einigen gebührt für immer ein Platz in der Auto-Hall-of-Fame, andere werden bald vergessen sein. Am Ende der Achtziger war für eine Sorte der Spaßautos der Spaß vorbei, denn es ging das Jahrzehnt zu Ende, in dem die Diktatur des Windkanals unkonventionellen, individuellen Karosserien endgültig den Garaus machte. Noch Anfang der Dekade konnte jedes Kind einen Käfer von einer Ente, einem R4 oder einem Manta unterscheiden. Am Ende der Dekade sah das schon anders aus: Golf, Corsa, Fiesta, Colt, Sierra und wie sie alle hießen – welcher nicht besonders autointeressierte Mensch konnte diese Modelle noch auf den ersten Blick auseinanderhalten? Schleichend sind sie aus dem Straßenbild verschwunden, die geschwungenen Kotflügel, verchromten Stoßstangen, die kastenförmigen oder runden, breiten, individuellen, kultigen Vehikel. Zur Erinnerung an einige typische Autos und Kuriositäten das folgende keineswegs vollständige Achtziger-Jahre-Auto-ABC.

A wie Audi Quattro

Ein Auto, das gleich zu Beginn der Achtziger für Begeisterung sorgte, war der Audi Quattro. Was bis dahin nur Traktoren oder Geländefahrzeugen vorbehalten war, gab's jetzt für Otto Normalverbraucher: Vierradantrieb. Schnee, Eis oder Matsch – alles kein Problem mehr. Wo für andere Autos Feierabend war, fuhr der Audi Quattro locker weiter. Technisch weit vorn, gefiel er darüber hinaus besonders durch seine sportliche Karosserie. Lediglich der Preis des Quattro dämpfte die Euphorie: 49 900 DM waren 1980 für den 200 PS starken Super-Audi fällig.

A wie Aufkleber

Ganz wichtig für den jungen, eher links-alternativen Autofahrer war die Wahl der richtigen Aufkleber. Eine schier unübersichtliche Menge sorgte für eine ebenfalls schier unübersichtliche Anzahl von Fettnäpfen, in die auf gar keinen Fall hineingetappt werden durfte. Ein falscher Aufkleber am Heck des Autos, und soziale Ächtung wäre die Folge gewesen. Dabei war im Grunde genommen alles ganz einfach, denn die Aufkleber ließen sich in vier Kategorien einteilen.

- Aufkleber, die man haben mußte: »Atomkraft? Nein Danke«, die weiße Friedenstaube auf blauem Grund
- Aufkleber, die man haben sollte: »Erst wenn der letzte Baum abgeholzt, der letzte Fluß versiegt …«, Aufkleber der Frauenbewegung
- Aufkleber, die man haben durfte: »Baum ab – Nein Danke«, Aufkleber der Uni, an der man gerade studierte
- Aufkleber, die man auf gar keinen Fall haben durfte: »D«

Alle anderen galten mindestens als peinlich.

B wie BMW 323i, BMW 3er Cabrio

Seit jeher muß sich die Marke BMW mit einem Rowdy-Image herumschlagen. Niemand bezweifelt ernsthaft, daß die Firma prima Autos baut, doch den Fahrern dieser Automobile stehen Besitzer anderer Marken skeptisch und oft ablehnend gegenüber. Mal ehrlich: Wer hat ihn auf der Autobahn noch nicht erlebt, den drängelnden, lichthupenden, notorisch linksfahrenden BMW-Fahrer? In den späten Siebzigern (Modell E 21), vor allem aber in den achtziger Jahren (Modell E 30) leistete ein BMW-Fahrzeug dem Rowdy-Image kräftig Vorschub: der 323i, eine Limousine, die den Golf GTI alt aussehen ließ und sich auf der Autobahn schon mal gerne mit Porsche- oder Mercedes-Sportwagen anlegte. Der 323i war ein Wolf im Schafspelz. Er hatte die Form einer gutbürgerlichen Limousine, der man nicht ansah, welche Kräfte der Sechszylinder beim Druck auf das Gaspedal freisetzen konnte. Wer auf Understatement Wert legte, ließ sich das Typenschild am Heck entfernen.

Eine Sternstunde des Automobilbaus der Achtziger war die Einführung des 3er Cabrios im Jahre 1987. Ein Traumcabriolet mit vollversenkbarem Dach. Kein Überrollbügel störte die Optik. Der Gipfel des Genusses war erreicht, wenn eine seidenweiche Sechszylindermaschine unter der Motorhaube säuselte. Leider blieb das 3er Cabrio wegen seines hohen Anschaffungspreises – die Grundversion kostete bei Einführung des Modells stolze 43 100 DM – für viele Cabrioletfreunde nur ein Traum.

C wie Charleston-Ente

Ein Auto, das polarisierte, war die »Ente«, der Citroën 2 CV. Für die einen war es das häßlichste Auto, das jemals auf den Straßen dieser Erde unterwegs war, für die anderen echter Kult. Generationen waren seit 1939 mit diesem Vehikel durch die Welt gewackelt. Mit seiner komischen Pistolenschaltung, dem Faltdach, den klappbaren Seitenscheiben und den geschwungenen Kotflügeln war das Auto der Liebling nicht nur vieler Studierender, zugleich Ausdruck einer bestimmten Haltung seiner FahrerInnen: jung (geblieben), lässig, alternativ. Das Blech war eher dünn, so dünn, daß mit der flachen Hand und wenig Kraftanstrengung eine Delle in die Motorhaube oder die Kotflügel gedrückt werden konnte. Die Sitze waren butterweich. In Verbindung mit der legendären Federung ließ es sich prima durch die Gegend schaukeln.

Das Jahr 1981 bescherte den Entenfreunden echte Entenfreuden: Das Nostalgiemodell Charleston eroberte den Markt, eine Ente auf 2 CV Club-Basis (29 PS, 600 ccm) mit dunkelroter Sonderlackierung und runden Scheinwerfern. Zwei Jahre später war die schönste Ente, die jemals gebaut wurde, auch in Nobelgrau/Schwarz erhältlich. Ganz billig war das Vergnügen, diese exklusiven Modelle zu fahren, nicht. 1986 kostete ein 2 CV 6 Charleston immerhin 9450 DM. Die Ente überlebte das Jahrzehnt nur kurz: Am 27. Juli 1990 hatte es sich für immer ausgeschaukelt.

F wie Ford Consul, Granada, Capri

Spricht man über die achtziger Jahre und die Firma Ford, muß unbedingt des Consul und des Granada gedacht werden. Beide Autos gehören zu den weniger schönen Exemplaren ihrer Art, schwere, breite Blechkisten mit breit grinsender Frontpartie und einem ausladend anmutenden Hinterteil. Ein Alptraum für alle jungen Männer, die kein eigenes Auto besaßen und sich am Wochenende Papis ausleihen mußten. Welche Traumfrau wollte sich schon mit einem solchen Gefährt chauffieren lassen?

Als der um Welten schönere Scorpio endlich seine Vorgänger Consul und Granada aufs Altenteil schickte, schrieb man das Jahr 1985. Eine echte Ford-Ikone dagegen war der Capri. Das bereits in den Siebzigern als Sportwagen für den kleinen Mann gefeierte Auto – die Version 2,6 RS von 1970 war ein Traum – legte in den Achtzigern kräftig nach: 1982 kam der 2,8 RS Turbo auf den Markt, zwei Jahre später der Super GT mit zwei Litern Hubraum und 101 PS. Der Capri war funktionell, komfortabel und blieb trotzdem ein sportliches Auto. Praktisch waren seine Heckklappe und die einzeln umklappbaren Rücksitze, womit er sich bei Bedarf fast in einen Kombi verwandeln ließ. Für den Liebling vieler Ford-Fans kam im Jahr 1986 das Aus, das Kultauto wurde ersatzlos aus der Produktpalette gestrichen.

F wie Fuchsschwanz

In bestimmten »Kreisen« gehörte es auch in den Achtzigern zum guten Ton, sein Auto zu tunen. Boah, eh! Dafür gab es die verschiedensten Möglichkeiten. Boah, Boah, eh! Das hing in erster Linie, genau wie heutzutage, vom Geldbeutel ab. Normal, eh! Man konnte zum Beispiel eine schöne, verchromte Manschette über das Auspuffrohr stülpen. Voll preiswert, eh! Man konnte auch viel Geld anlegen und sein Auto bei einer der großen Tuning-Firmen individuell stylen lassen: tiefer, breiter, Alus, Recaros und so weiter. Boah, Boah, Boah, eh! Oder man wählte die kleinste aller Lösungen und hängte sich einen Fuchsschwanz an die Antenne. Voll gut, eh!

G wie Getriebe

Lange Getriebeübersetzungen beim klassischen Vierganggetriebe machten dem durchschnittlich motorisierten, motorsportbegeisterten Autofahrer von jeher das Leben schwer, jedenfalls wenn er sich mit seinem untermotorisierten Vehikel »sportlich« weiterbewegen wollte. Das änderte sich mit der Einführung des serienmäßigen fünften Gangs. Der sorgt seitdem durch kürzere Übersetzungen auch im Kleinstwagen für häufiges Schalten und damit für einen Hauch von Formel-1-Feeling in Autos, die mit Sportwagen absolut nichts zu tun haben. Im Ernst, der Siegeszug des fünften Gangs trug dazu bei, den Benzinverbrauch spürbar zu senken.

Einige Firmen, etwa VW, bezeichneten ihn deshalb zunächst auch als »E-Gang« (Energiespar-Gang), der dazu diente, bei konstanter Geschwindigkeit den Benzinverbrauch durch niedrigere Drehzahlen zu senken. Später wurden zunehmend »echte« fünfte Gänge eingebaut.

I wie Image

Wer als junger Wessi in rot-grünen studentischen Zirkeln nicht unangenehm auffallen wollte, hatte es nicht leicht. Für ihn stellte sich nicht nur die Frage nach Frisur oder Kleidung, nein, auch die Wahl des Automobils war von elementarer Bedeutung. Es gab Autos, die »erlaubt«, und solche, die es nicht waren. »Erlaubt« waren R4, 2 CV (Ente), Fiat 500, Käfer oder auch Mercedes, dann aber mindestens acht Jahre alt. Nur wer ein solches Auto besaß, konnte sicher sein, daß sein Mikrokosmos ihm vorurteilsfrei gegenüberstand. Wichtig war auch, das Auto keinesfalls regelmäßig zu waschen, sondern durch ein stets leicht verdrecktes Gefährt dem Establishment zu vermitteln: Seht her, der Fahrer dieses Vehikels macht sich nichts aus Statussymbolen und ist überhaupt anders drauf als ihr.

K wie Katalysator

Ein Gespenst ging um. Sein Name: Katalysator. Angst machte sich breit. Wie hatten wir gespart für jede einzelne Pferdestärke, um uns die gewünschten 50, 75, 90 oder gar mehr PS leisten zu können. Und jetzt der Ka-ta-ly-sa-tor. Das mußte man sich mal auf der Zunge zergehen lassen. Klang das nicht irgendwie unheimlich? Der Katalysator war Thema an jedem Stammtisch. Klar, daß der Einbau dieser Erfindung in des Deutschen liebstes Kind Leistungsabfall zur Folge haben würde! Und was konnte schlimmer sein? Nur noch real 87 PS statt 90, oder 52 statt 75 oder 21 statt 50! Der zu erwartende Leistungsabfall stieg proportional zur getrunkenen Menge Alkohol. Und das schlimmste: der Ka-ta-ly-sa-tor verlangte nach bleifreiem Benzin. Ob denn das wohl auf die Schnelle flächendeckend zu haben sein würde?

Schon Ende der Achtziger wurden viele Autos serienmäßig mit Kat ausgeliefert oder waren wenigstens gegen Aufpreis nachrüstbar. Vom Leistungsabfall sprach kein Mensch mehr, und bleifreier Sprit war überall – auch im benachbarten Ausland – verfügbar, von den Vorteilen für die Umwelt ganz zu schweigen.

K wie Kuriositäten

Wer etwas auf sich hielt, legte sich Anfang der Achtziger ein Statussymbol auf die Hutablage. Da, wo in den Siebzigern der Wackeldackel oder liebevoll eingehäkelte Klopapierrollen neben einem Kissen mit aufgesticktem Kennzeichen Geschmacksverirrung signalisierten, dokumentierte jetzt ein teurer Marken-Tennisschläger Dekadenz. In der zweiten Hälfte des Jahrzehnts wurden diese und andere Hutablagen-Statussymbole abgelöst von Surfbretthaltern mit und ohne Brett. Hier lag, im Gegensatz zum Tennisschläger, zumindest die Vermutung nahe, daß die meisten Eigentümer versuchten, diesen Trendsport zu betreiben – dafür war die Anschaffung eines Brettes und der entsprechenden Halterung einfach zu teuer.

Die achtziger Jahre waren nicht zuletzt das Jahrzehnt, in dem mobile Telefone boomten. Handies verdienten diesen Namen noch nicht, glichen sie doch mehr einem Brikett, mit dem entsprechenden Gewicht. Telefonieren vom Auto aus war da schon wesentlich einfacher. Das schwere technische Zubehör konnte leicht im Kofferraum untergebracht werden, und für einen Telefonhörer irgendwo in Armaturenbrettnähe war allemal ein Plätzchen frei. Wer wichtig war oder sich so fühlte, telefonierte – für die Mitmenschen gut sichtbar – aus dem Auto. Natürlich vorzugsweise an roten Ampeln oder im Stau, damit möglichst viele Leute mitbekamen: Hier kommt ein Privilegierter, ein wirklich wichtiger Zeitgenosse. Bewundernde Blicke waren dem Autotelefonierer sicher.

Wer diese auf sich ziehen wollte, aber kein Geld oder keinen Bedarf für ein richtiges Autotelefon hatte, konnte sich getrost auf die Industrie verlassen. Die hatte für solche Notfälle verschiedene Attrappen auf den Markt gebracht. Für jeden Geldbeutel war etwas dabei: vom täuschend echt aussehenden Telefonhörer mit Halterung, dessen Kabel irgendwo im Nirwana der Kabelstränge unter dem Armaturenbrett befestigt werden mußte, bis hin zu teureren Anlagen, bei denen sich über einen Fußschalter – wann immer die Beifahrer beeindruckt werden sollten – ein Klingelgeräusch erzeugen ließ. Danach folgten der lässige Griff zur Hörerattrappe und Phantasiegespräche.

M wie Mercedes 190

Als der Trend zu kleineren Autos immer stärker wurde, hatte auch Nobelkarossenhersteller Mercedes die Idee, ein solches ins Rennen zu schicken. Mit Spannung wartete die Welt 1982 auf den Baby-Benz. Der entpuppte sich dann bei seiner Premiere im Dezember aber nicht als wirklicher Kleinwagen, sondern eher als ein zu heiß gewaschener, leicht eingelaufener 200er. Den Kunden war's recht: Endlich hatten auch all die einen Stern auf dem Kühler, die sich ein »großes« Mercedes-Modell nie leisten konnten oder wollten. Dabei war der Kleine alles andere als billig, er kostete bei seiner Einführung 25 600 DM. Und obwohl »eingelaufen«, war der 190er ein echter Mercedes: ein solide verarbeitetes, konservativ anmutendes Auto, das je nach Motorisierung durch starke Fahrleistungen beeindruckte.

O wie Opel Manta

»Was bleibt übrig, wenn ein Mantafahrer eingeäschert wird? Ein Goldkettchen und eine heulende Friseuse!« Manta-Witze machten die Runde, wobei dieser noch gemäßigter Natur ist. Versuchen wir uns zu erinnern: Wer hat je einen serienmäßigen Manta gesehen? Niemand. Eben. Waren es nicht bis zur Unkenntlichkeit getunte Mantas, die unser ästhetisches Empfinden schon rein optisch bis an die Grenze der Belastbarkeit malträtierten?

Doch damit nicht genug. War es nicht der Manta, der als einziger PKW im Straßenverkehr auch akustisch von anderen Kraftfahrzeugen zu unterscheiden war? Sei es, daß seine Besitzer am

Auspuff herummanipuliert hatten, um dem geliebten Gefährt einen röhrenden Sound zu verpassen, sei es, daß innen überall, wo Platz war, Lautsprecher und Verstärker eingebaut wurden, die für optimalen Hörgenuß im Manta sowie im Umkreis von mindestens 15 Metern sorgten. Musikfreunde unter den Mantafahrern verliehen ihrer Leidenschaft gerne durch einen überdimensionalen Kenwood-Aufkleber auf der Heckscheibe Ausdruck. Der Aufkleber hatte für alle anderen Verkehrsteilnehmer fast Verkehrszeichen-Charakter und hieß soviel wie: »Radio aus, Musikversorgung erfolgt durch Manta«.

Im Kölner Raum herrschte die Meinung vor, daß im Erftkreis (Kennzeichen BM) besonders viele getunte Mantas unterwegs waren. Wer von einem solchen mit BM-Kennzeichen geschnitten wurde, schaute nur stumm und wissend seinen Beifahrer an und schüttelte gemeinsam mit diesem den Kopf. Der Kopf wurde übrigens grundsätzlich geschüttelt, wenn ein Manta in Sicht kam, mit oder ohne BM-Kennzeichen, auch wenn noch gar nichts passiert war oder sich kein Beifahrer neben einem befand. Vom vorurteilsüberladenen Proletenimage haben sich der Manta, seine Fahrer und Freunde sowie der Berufsstand der Friseusen nur sehr schleppend erholen können.

Schuld daran sind hochnotpeinliche Manta-Filme, Manta-Witze, Manta-Comics und unglaublich schlechte Manta-Songs, bis in die Neunziger hinein. Manta-Fans und deren Lebensabschnittsgefährtinnen hatten es eben nicht leicht. Erst in letzter Zeit ist es ruhiger um das Modell geworden. Immerhin bleibt seinen Besitzern ein Trost: Wer fest zu seinem Manta stand und ihm trotz Hohn, Spott und Vorurteilen die Treue gehalten hat, kann sich freuen. Gut erhaltene Mantas der Serie A (1970 bis 1975) und B (1975 bis 1988) erzielen heute auf dem Gebrauchtwagenmarkt Spitzenpreise. Wer zuletzt lacht, lacht am besten.

Porsche 924

Traumautos heißen Traumautos, weil sie für die meisten Menschen unerreichbar bleiben. Zu den Traumautoschmieden dieser Welt gehört zweifellos die Firma Porsche. Die ließ im Jahre 1975 in Neckarsulm unter der Bezeichnung »924« einen Sportwagen vom Band laufen, für dessen Herstellung viele VW-Teile verwendet wurden und der vom 2-Liter-Vierzylinder-Motor (125 PS) eines Audi 100 angetrieben wurde. Der Basispreis war mit 23 200 DM beziffert. Für viele Porschefans mit schmalen Geldbeutel wurde das Auto ein beliebter Gebrauchtwagen. Anders als der legendäre 911 oder der 928 wurde der 924 in den Achtzigern zu bezahlbaren Preisen gehandelt.

Schon für 10 000 DM konnte sich 1988 der Sportwagenfreund das Traumauto vor die Haustür stellen. Welchen weniger Betuchten störte es, wenn bei diesem schicken, keilförmigen, mit Klappscheinwerfern ausgerüsteten Gebrauchtwagen aus fünfter Hand die Sitze verschlissen oder gar zerrissen waren oder daß sich ein Audi-

Triebwerk unter der Porsche-Haube versteckt hielt? Die Hauptsache war, am Heck prangte auf der rechten Seite das Typenschild PORSCHE 924. Ein Traum war wahr geworden.

R wie Renault R4

Eines der beliebtesten Autos bei jungen Leuten war der Renault R4: auf dem Gebrauchtwagenmarkt billig zu haben, zuverlässig und leicht zu reparieren. Im Gegensatz zu seinem Konkurrenten, der »Ente«, war der R4 äußerlich schnörkelloser und stabiler, ein kleiner, schmaler, sehr praktischer Kastenwagen mit fünf Türen, gegebenenfalls mit Faltdach, umklappbarer Rücksitzbank und mit in der Mitte geteilten Seitenscheiben, die zum Öffnen nach vorne geschoben werden konnten. Das Basismodell hatte 800 ccm und 34 PS. Wer's sportlich wollte, besorgte sich einen R4 GTL. Der hatte 1100 ccm, so etwas ähnliches wie Sportsitze und seitlich angebrachte, breite Kunststoffleisten, die dem Auto wohl eine sportliche Note geben sollten.

Mein erstes Auto war ein alter, dunkelgrüner Renault R4, den ich für 1600 DM kaufte. Das Auto hatte einen neuen Unterboden, neue Reifen und zwei Jahre TÜV. Mein R4 war so alt, daß er noch mit einer Kurbel gestartet werden konnte. Das sorgte immer für große Heiterkeit, und ich ließ mich von meinen Freunden oft und gern dazu überreden, das Auto auf diese eher unkonventionelle Art zu starten. Die Kurbel hatte neben ihrem Unterhaltungswert aber auch ihre praktischen Seiten. Oft hat sie mich im Winter gerettet, wenn die Batterie bei minus 15 Grad in der eiskalten Eifel wieder einmal ihren Dienst versagte.

Ein weiteres Highlight meines ersten Achtziger-Jahre-Autos war die Gangschaltung. Mein R4 hatte noch die wirklich kryptische Pistolenschaltung. Der Schalthebel lag nicht etwa da, wo Schalthebel sich normalerweise befinden, sondern ragte unter dem »Armaturenbrett« in den Innenraum. Die Anordnung der einzelnen Gänge war nicht minder kryptisch: Rückwärtsgang vorne links, erster links hinten, zweiter Mitte vorne, dritter Mitte hinten, vierter rechts vorne. Mit dieser Gangschaltung war man so etwas wie ein Geheimnisträger. Jeder, der nicht täglich mit dieser Gangschaltung zu tun hatte, mühte sich verzweifelt ab, das Auto zu fahren.

Wenn ich meinen R4 mal verlieh, schwitzte ich immer Blut und Wasser. Die Wahrscheinlichkeit, das Auto mit defekter Gangschaltung zurückzubekommen, war unglaublich hoch. Einer meiner Freunde hat es dann 1983 tatsächlich geschafft, das Getriebe zu beschädigen. Danach ließ sich das Auto nur noch mit Zwischengas schalten, also wie ein Traktor mit nichtsynchronisiertem Getriebe. Ich fuhr meinen R4 solange, bis uns der TÜV im Jahre 1984 schied. Danach kaufte ich mir einen roten Golf Diesel. Für den R4 fiel in Deutschland 1989 der Vorhang, in Frankreich wurde er noch drei Jahre länger verkauft.

T wie Trabant 601

Wenn ein Auto das Straßenbild der DDR geprägt hat, dann der Trabant 601. Hergestellt im VEB Sachsenring, Automobilwerke Zwickau, mußte das mit dem Plattformrahmen verschweißte Stahlblechgerippe mit einer Außenhaut aus Duroplast jahrelang Hohn und Spott aus Ost und West über sich ergehen lassen. Ein Beispiel? »Carton de blamage« soll die französische Bezeichnung für den Trabi gewesen sein.

1965 begann die Serienfertigung des legendären Trabant 601. Böse Zungen behaupten, der 601 verdanke seinen Namen der Tatsache, daß 600 ihn bestellt hatten, aber nur einer ihn bekam. Zehn Jahre Wartezeit für einen bestellten 601 waren normal, und wer Ende der Achtziger endlich einen bekam, mußte rund 17 000 Mark berappen.

Normalerweise werden Autos ständig technisch verbessert und im Zuge der Modellpflege verändert. Das war dem Trabant 601 nicht vergönnt. Die letzte wichtige Veränderung vor seiner Ablösung durch den Trabant 1,1 mit Otto-Motor (1990) erlebte der 601 im Jahre 1968: Seine Motorleistung wurde von 23 auf 26 PS erhöht. Danach kam es nur noch zu Detailverbesserungen. Gut 100 km/h waren mit diesen 26 PS drin. Der Trabi war eben kein Galoppi. Wie schnell der Wagen genau war, konnte seinerzeit nicht endgültig geklärt werden, denn eine höhere Geschwindigkeit als 100 km/h war in der DDR nicht erlaubt. Sieben bis neun Liter genehmigte sich der Kleine auf 100 Kilometer. 26 Liter Gemisch paßten in den Tank des Zweizylinder-Zweitakters mit 595 ccm, durch Volltanken soll sich der Wert des Trabi verdoppelt haben.

Allen Unkenrufen zum Trotz: Seine Fahrer haben ihn geliebt, weil der viersitzige Fronttriebler ein gutmütiges, zuverlässiges, leicht selbst zu reparierendes Auto mit einer anachronistisch anmutenden, aber charismatischen Karosserie war. Und spätestens seit dem Mauerfall, als er tausende »Ossis« über die Grenzübergänge transportierte und hunderttausende West-Patschhände die vielen Trabis tätschelten, hat sich der 601 einen Platz in den Herzen und Garagen der »Wessis« erfahren. Der Trabant avancierte zum Kultauto der ganz späten achtziger Jahre, ein Ehrenplatz in der Auto-Hall-of-Fame ist ihm sicher.

V wie VW Golf/Käfer

1974 überraschte die Firma Volkswagen den Verbraucher mit einem neuen, für damalige Zeiten seltsam designten Auto. Sein Name: Golf. Seine Aufgabe: die Nachfolge des legendären Käfer anzutreten. Als er zum erstenmal auf Plakatwänden prangte, traf mich fast der Schlag. Dieses würfelförmige, entfernt an einen Kombi erinnernde Ding sollte den »Kugelporsche« beerben? Es fiel anfangs schwer, sich das vorstellen.

In den Achtzigern hatte sich das Auge des Betrachters längst an die viereckige Kiste gewöhnt. Die Vorzüge des Golf waren offenkundig: gute Verarbeitung, interessante Motorenpalette, aber vor allem war der Golf durch seine umklappbare Rückbank und die dritte bzw. fünfte Tür ein wahres Raumwunder in seiner Klasse und viel besser zu beladen als der gute alte Käfer. Der spielte, nachdem 1978 der letzte seiner Art in Deutschland vom Band gelaufen war, vor allem als Gebrauchtwagen für Fahranfänger eine Rolle, teilweise auch als »Jeans-Käfer« aus mexikanischer Produktion, bei dem die Sitze mit Jeans-Stoff bezogen waren. Das konnte aber nicht darüber hinwegtäuschen, daß sein Stern zu sinken begann. Schleichend hatte sich im Bewußtsein der Autofahrer ein Wandel vollzogen.

Spätestens seit den Achtzigern war die »Kompaktklasse« angesagt: praktische Autos mit fünf Türen und umklappbarer Rückbank. Verkaufsschlager wurde das Original: der Golf. Er wurde Familienauto, Zweitwagen oder das Geschenk, das betuchte Eltern ihren Sprößlingen zum 18. Geburtstag oder bestandenem Abitur vor die Tür stellten. Oft kopiert und nie erreicht, prägte der Golf mehr und mehr das Straßenbild und wurde zu einem der beliebtesten Autos überhaupt. Die gestellte Aufgabe war erreicht, der Golf hatte dem Käfer den Rang abgelaufen. Die Erfindung der Siebziger kam richtig auf Touren, brauste mit unglaublichem Erfolg durch die achtziger und neunziger Jahre und wird vermutlich auch im neuen Jahrtausend eines der beliebtesten Autos sein.

Günther Rau, Jahrgang 1959, aufgewachsen in der Eifel, verlebte die Achtziger in Köln, arbeitet bei FRITZens als Programm-Manager. Schönstes Erlebnis zwischen 1980 und 1990: Sein R4, Baujahr 1970, bekam im Jahre 1982 noch einmal zwei Jahre TÜV.

Fahräder
stinken
nicht

1986

MODE & GESCHMACK

HART WIE MARMELADE

Popper, Punks und Psychobillies. Auf der Suche nach der passenden Jugendgruppe

■ **Von Philip Meinhold**

»Musik, Mode und Weltanschauung gehören eng zusammen. Am Äußeren der jungen Menschen kann man erkennen, was sie gerne hören, was sie denken und welchem Trend sie gerade zum Opfer gefallen sind.«
Berliner Abendschau extra vom 15. Oktober 1988 zum Thema Jugendtrends

»Alles Moderne ist nicht schön.«
Ein befragter Berliner in der gleichen Sendung

»Ey, du mit den komischen Haaren, was bist'n du? Bist du ein Öko?« Keine Frage, ich war gemeint. Ich war in der achten, wir hatten Hofpause, und ich war auf dem Weg in die Raucherecke. Nicht etwa, weil ich rauchte – nein, damals war ich noch der Meinung, Bier schmecke nicht und Zigaretten seien ungesund –, aber in der Raucherecke waren halt die Coolen. Die Punks waren da und die Mantics und was es sonst noch so gab. Es wurde geraucht, gequatscht, einige knutschten sogar.

Ich war also auf dem Weg in die Raucherecke, und es war wie immer – bis zu diesem Super-Gau: Die Popperin aus der Nebenklasse hielt mich für einen Öko! Ich gebe zu, ich trug Hosenträger, ein rosa-lila Batik-Shirt, und meine Haare hatte ich mit Seife irgendwie durcheinandergestruwwelt. Ich hatte mir, auch das gebe ich zu, kürzlich sogar *Zwische Salzjebäck un Bier* (1984 von der Politrockband *BAP*) auf MC geholt (so wie ich mir aus praktischen Gründen LPs immer nur als MCs holte). Aber war ich deshalb gleich ein Öko? Öko – das klang nach *Sponti-Sprüche* Teil 5, nach »das weiche Wasser bricht den Stein«, nach Wir-setzen-uns-jetzt-alle-im-Kreis-und-fassen-uns-zum-Kennenlernen-an-unsere-Geschlechtsteile. So ein Horst wollte ich nun wirklich nicht sein.

»Zu wem gehörst du denn?« hatte auch Ingo mich gefragt. »Komm doch zu uns, du mußt doch irgendwas sein.« Ingo war Billy, trug Tolle und Entenschwanz, hörte Rock'n'Roll und Hillbilly. Das kam mir entgegen, schließlich war ich Mitglied im offiziellen Shaky-Fanclub in London. *Denn sie wissen nicht, was sie tun* hatte ich in gekürzter Fassung auf Super-8. Und die Mädchen der Billies sahen ohne Frage auch immer gut aus: Sie trugen schöne Kleidchen, unter denen man ihren BH sehen konnte, hatten lange, gepflegte Haare und gaben sich auch sonst sehr weiblich. Ingos Angebot war nicht gänzlich zu verwerfen. Allerdings war Ingo der einzige, der bei der Testwahl in der Klasse für die SPD gestimmt hatte – und damit war er unter den Billies wohl noch einer der politischsten. Politik aber war mir wichtig, gehörte zu mir, wollte ich auch nach außen tragen. Ein Billy konnte ich also nicht sein.

Punk wäre da natürlich naheliegender gewesen. Die waren politisch, und mein großer Bruder hatte mir sogar eine *Slime*-Kassette aufgenommen. Aber »ein Punk wird in der Schule wesentlich schneller zur Rechenschaft gezogen«, hatte Landesschülersprecher Thymian öffentlich geklagt. Und wie rapide es bergab gehen konnte, hatte ich ja an meiner Mitschülerin Lücke gesehen. Die war, bevor sie Lücke hieß, immer gut in der Schule gewesen. Bis sie anfing, mit Danny Bruder zu gehen. Danny Bruder – wenn man von ihm sprach, nannte man immer ehrfurchtsvoll Vor- und Nachnamen – war der gefürchtetste, dreckigste und widerspenstigste Punk, den unsere Schule zu bieten hatte.

Auch sein Kumpel Lorenz war nicht ohne. Der trug immer einen schwarzen Zylinder über den zotteligen langen Haaren, ging in den Hofpausen auf dem Dach des Geräteschuppens spazieren und ließ sich dort auch nicht von den umstehenden Lehrern herunterzitieren. Es hieß sogar, daß er bald Nina Hagen heiraten würde, die hatte er angeblich in der Berliner U-Bahn kennengelernt. Nina Hagen entschied sich dann doch für einen anderen minderjährigen Punk, aber es hätte immerhin auch Lorenz sein können, und das war imponierend genug. Die Punks gefielen mir, aber wie Lücke wollte ich doch nicht enden. Die ließ sich die Haare zu einem rasta-ähnlichen Gestrüpp verfilzen und flog anschließend von der Schule.

Es gab noch mehr Auswahl, aber irgendwie schien nichts zu passen. Da waren Popper und Psychobillies, Grufties und Skins, Nattis und Rastas. Aber wozu sollte einer gehören, dessen erste Single *Sternenhimmel* hieß, der vor dem Spiegel übte, wie Mr. Robot zu tanzen, der Shaky- und *Blau-Weiß-90*-Fan war und der außerdem noch wußte, daß die Bullen Klaus-Jürgen Rattay auf dem Gewissen hatten. Geha oder Pelikan, Puma oder Adidas, *Bayern* oder der *HSV* – das waren die Entscheidungen, um die es bisher gegangen war. Entscheidungen, die ich hatte treffen können. Jetzt ging es um alles, um Outfit und Musik, um Einstellung und Freundeskreis.

Popper kam nicht in Frage. Das war schon damals ein Schimpfwort. Konsumfreudige Idioten, die sich bei McDoof trafen und nicht mal eine eigene Musikrichtung hatten, sondern alles hörten, was weich war wie *Wham* und spastisch wie *Spandau Ballet*. Psychos waren mir nicht geheuer mit ihrer Sauferei, ihren Tattoos, ihren rasierten Schädeln, die mit einem steil nach vorne zulaufenden Haarstachel bestückt waren. Was sollte man von Menschen halten, über die der SFB verkündete: »Übrigens, viele Psychos haben ein Hobby, bei dem es auch nicht gerade zimperlich zugeht: Horrorvideos.« Ich bekam schon bei *Gremlins* zuviel.

Grufties waren mir zu depressiv. Ich hatte weder Lust, in einem Sarg zu schlafen, noch mir zu *Black Celebration* die Pulsadern aufzuschneiden. Und Skins waren sowieso tumbe Idioten. Also, was?

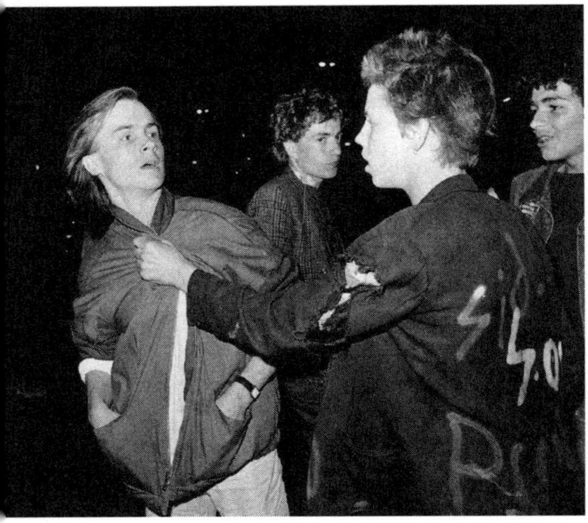

Der Vorteil, zu keiner dieser Gruppen zu gehören, war zweifellos, daß es niemanden gab, der einem unbedingt aufs Maul hauen wollte. Denn aufs Maul – davon zeugten die Stories, die es in der Raucherecke zu hören gab – hauten sich die unterschiedlichen Gruppen ständig irgendwo. In der Disko, auf Feten, auf dem U-Bahnhof. Der Nachteil war, daß man ein potentielles Opfer für alle war. Zumal, wenn man für einen Öko gehalten werden konnte.

Es grenzte ja bereits an ein Abenteuer, tagsüber im *Market* einzukaufen, einem Szenebekleidungsladen in einer Nebenstraße des Berliner Kurfürstendamms. Denn da gingen sie alle hin: Die Billies holten sich ihre Baseball-Jacken, die Mantics spitze Schuhe, die Faschos ihre Lonsdale-Pullis, die Mods kauften sich Harringtons. Wilde Gerüchte machten die Runde vom berüchtigten Bordsteinbeißen vor dem *Market*: »Zieh deine Docs aus, oder beiß in den Bordstein!« So ging das. Wer in den Bordstein biß, bekam währenddessen einen Tritt auf den Hinterkopf.

Nachdem ich lange genug zwischen Batik-Shirt, Marmor-Jeans und Marc O'Polo-Pulli gependelt hatte, entschied ich mich schließlich doch. Ich war in der Elften, Bier schmeckte inzwischen, und daß Zigaretten ungesund waren, mußte man beim Kiffen in Kauf nehmen. Die Schule hatte sowieso an Wichtigkeit verloren. Meine Schwester schnitt mir einen Iro, und ich legte mir das passende Outfit zu. Daß das Leben mit erkennbarer Gruppenzugehörigkeit gefährlicher wurde, merkte ich schnell.

»Los, zieh die Jacke aus!« Eine Horde junger Prolls hatte mich umzingelt, knallte mich gegen eine Hauswand, einer zog ein Butterfly-Messer. Um wegzulaufen, scheuerten meine neuen halbhohen Docs zu sehr. Noch mal: »Zieh die Jacke aus!« Meine schöne schwarze Bomberjacke! Die hatte ich doch erst am selben Nachmittag im *Market* gekauft. Schönen Dank, Peter Pank!

Die Bomberjacke besitze ich noch heute, der Wortführer der Prolls hatte Erbarmen. Ansonsten war die Halbwertzeit der Dekade jedoch gering. Über die Popper las ich neulich in einem Buch, sie seien eine »besonders unangenehme Mod-Abart Anfang der achtziger Jahre« gewesen. Das sagt alles. Sie wurden spätestens 1987 gemeinsam mit *Modern Talking* endgelagert. Aber im Gegensatz zu Dieter Bohlen und Thomas Anders würde selbst Supernase Gottschalk sie nicht zwecks Wiederaufbereitung zu *Wetten, daß ...?* einladen. Der Unterhaltungswert von Poppern ist auch im nachhinein gering.

Die Popper sind also weg, die Faschos sind Mainstream, und die Ökos haben es zum Außenminister gebracht. Nur ich fühle mich immer noch zwischen allem. Statt einer 501 trage ich jetzt eine dieser weiten HipHop-Hosen mit Seitentaschen, dazu ein geblümtes Schlagerpartyhemd. Aber es ist eh zu spät, als daß ich noch zu einer Jugendgruppe gehören könnte. Daß Bier mir schmeckt, kann man inzwischen am Bauchansatz sehen, und in der Raucherecke würden sie mich für den Lehrer halten.

Philip Meinhold, 28, geboren in Berlin. War in den Achtzigern (in dieser Reihenfolge) Mitglied des Londoner Shaky-Fanclubs, Wohnzimmer-Breakdancer, *Blau-Weiß-90*-Fan, halber Punk, Abiturient. Wurde in den Neunzigern Buchhändler, Journalist, Redakteur und Reporter bei FRITZ. Versuchte als *Breakin' Phil* ein Comeback als Wohnzimmer-Breakdancer.

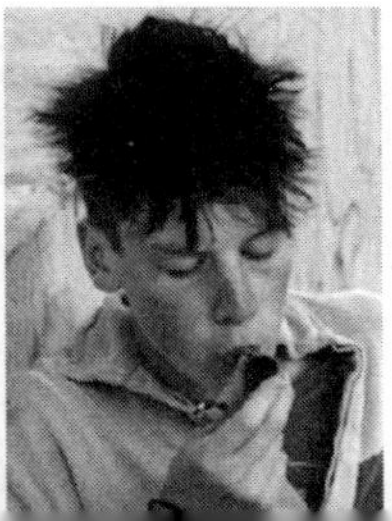

JUGENDGRUPPEN DER ACHTZIGER

Eine Typologie

Von Philip Meinhold

Was fehlt? Der Spiegel!

POPPER »Besonders unangenehme Mod-Abart Anfang der achtziger Jahre«, so Jugendforscher Eberhard Seidel-Pielen rückblickend. Outfit: Lacoste-Hemd, schmale Lederkrawatte, Vanilla-Hose, Stoffgürtel mit Popperknoten am Ende. Trafen sich vor McDonalds und zogen im Rückspiegel ihres Mofas die Popperlocke nach, einen akkurat übers Auge gekämmten Scheitel. Hatten Geld, aber keine eigene Musikrichtung; Popper hörten alles, was weich war wie *Wham* und spastisch wie *Spandau Ballet*. Lieblingsfeind: Punks.

PUNKS »Punks gelten als aggressiv und arbeitsscheu«, berichtete Nachwuchs-Journalist Cherno Jobatey. »Wer Punk hört, tut dies, weil er einfach dagegen ist.« Motto: No Future, null Bock. Vom in der Fußgängerzone erschnorrten Geld kauften sich Punks Dosenbier. Zur Musik – grundsätzliche Forderung: »schneller, lauter, härter« – sprangen sie mit ihren Oberkörpern gegeneinander. Lieblingsfeind: Popper, Skins, die Bullen, die Spießer, die Gesellschaft, der Staat.

Das Original (oben rechts)

Die Fälschung: »Nobelpunks«

Nein, das sind Teds.

ROCKABILLIES (kurz: Billies): Für Außenstehende schwer von Teds zu unterscheiden. Billies standen auf die Fifties, hörten Rock'n'Roll und Hillbillie (Lieblingsband: *Stray Cats*). Sie trugen Jeans, weiße T-Shirts, verbrauchten täglich eine Dose Pomade zum Stylen der Tolle, ansonsten wurden die Haare wöchentlich nachgestutzt.

PSYCHOBILLIES (kurz: Psychos): Wortschöpfung aus »Rockabilly« und »Psychedelic Music«. Psychos waren äußerlich eine Mischung aus Billies und Punks; ihre rasierten Schädel waren mit einer spitzen, steilen Tolle bestückt. Respekt versuchten sie sich durch Tattoos und Saufen zu verschaffen. »Übrigens«, klärte das SFB-Fernsehen auf, »viele Psychos haben ein Hobby, bei dem es auch nicht gerade zimperlich zugeht: Horrorvideos.«

GRUFTiES »Leute, die aussehen, als kämen sie aus der Gruft« *(Berliner Abendschau).* Grufties trugen schwarze Klamotten, schminkten sich die Augen schwarz, wohnten in schwarzgestrichenen Zimmern – und einige schliefen sogar in Särgen (schwarz). Gingen nachts auf Friedhöfen spazieren, buddelten Totenschädel aus und versuchten sich im Gläserrücken. Sie hörten *Sisters of Mercy, The Cure,* und zu *Black Celebration* von *Depeche Mode* schnitten sie sich manchmal die Pulsadern auf.

NiCHTS iST EWiG

Sinn und Zweck von Mondgestein im Färbegang

■ Von Kerstin Topp

In den gelb-grün-orangen Siebzigern, jenem Jahrzehnt, in dem es nur runde Ecken und Kanten gab, war die Welt auch modisch noch wohlgeordnet, überschaubar und dauerhaft. Die Deospray-Dosen wurden in kuscheliges Frottee gehüllt, die Damen trugen Schlaghosen und Schlaghosen und Schlaghosen, und die Herren gingen am Popo ebenfalls eng und an den Waden weit. Kinder kullerten ohne Not in Breitcord-Hosenröcken und Jingler-Jeans durch die Weltgeschichte, das pflaumenweiche Haar geschnitten nach Topf-Fasson mit Blödmann-Pony, den Mutti immer samstags vor der großen Unterhaltungsshow im *Ersten* an einem verbrach. Aber wehe diesen armen Kreaturen. Eben noch unbedarfte Kinder der Siebziger, waren sie die Pubertierenden der Achtziger, dem Jahrzehnt, in dem das Outfit eines Bundesbürgers gesellschaftlich mehr zählte als die Liste seiner möglichen Vorstrafen oder unverzeihlicher Charakterschwächen.

Tragischerweise aber machte gerade der rasante Wechsel kurzlebiger Trends und rivalisierender Styling-Entwürfe es einem jungen, aufgeschlossenen Menschen unmöglich, sich zu orientieren. Resultat waren teure Fehlkäufe, beißender Spott und nicht selten schwere Depressionen. Unversehens gerieten Heranwachsende bereits zu Beginn der Dekade bei Fragen der optimalen Haargestaltung in die ideologisch schwerstbeladenen Schußlinien zwischen Bo Derek und Heidi Brühl, zwischen Poppern und Punks. Bo und Heidi hatten sich über die Frage zerworfen, wer denn nun mit Afrozöpfchen besser aussah, und waren kurz davor, in dieser Frage den Internationalen Gerichtshof anzurufen.

Noch um vieles existentieller und verhärteter war die Front zwischen Poppern und Punks. Wer sich weder entschließen konnte, sein Haar freiwillig in Atompilz-Form zu frisieren und sich in airbagartige Westen zu hüllen, noch bereit war, seinen Schopf wochenlang nicht zu waschen und ihn dafür allmorgendlich mit Zuckerwasser zu beträufeln, Sicherheitsnadeln zu tragen und sonst nichts, der entschied sich nicht selten für den goldenen Mittelweg und damit für ein Dasein als Waver.

Wave – das war ein Gemischtwarenladen, vollgestopft mit Frisuren, Styling Foams, Nagellacken, Schmuck und Klamotten, fast immer in Neonpink, -gelb oder -grün, dreieckig oder sonstwie geometrisch, und gerne gezackt oder gezickzackt. Wave, das war die Brikettfrisur der jungen Männer getreu dem Vorbild Grace Jones' und Dolph Lundgrens, oberhalb der Ohren weggeschoren, was nicht selten den Blick auf unsägliche Segel freigab. Wave war auch die Schachbrett-Hose, die bei Neigung zu gewisser Wurstbeinigkeit äußerst unvorteilhaft wirkte und deren Muster später als PVC-Fußbodenbelag für Küche und WC erhältlich war.

Wave, das waren Lippen- und Kajalstifte in Schwarz, Grün, Gelb und Blau, mit denen man sich manchmal auch kleine Zeichen ins Gesicht malte, vor allem, wenn man auf eine Waver-Party ging oder Popstar war oder werden wollte. Diese Spezies war im wirklichen Leben allerdings wenig weit verbreitet, genau wie jene, die New Romantics hieß, tagein, tagaus in Rüschenhemden durch die Gegend rannte und aus Solidarität mit *Adam Ant* Augenklappen trug. Deswegen wurde von Unwissenden oft gemutmaßt, die seltsam gekleideten Menschen wären nicht Opfer einer Mode, sondern einer chronischen Bindehautentzündung.

Der Vollständigkeit halber sollen hier die sogenannten Müslis nicht unter den modischen Tisch fallen, regional unterschiedlich wurden sie auch Ökos genannt, was hier nichts zur Sache tun soll. Zur Sache tut aber, daß diese jungen Menschen sich optisch durch penetrant zur Schau gestellte Friedensbewegtheit von allen anderen abhoben, was das Überangebot an nebeneinander existierenden Trends, Moden und Lifestyles nur noch verschlimmerte.

Eben diesem Überangebot bei gleichzeitig fehlender Originalität aber mag es geschuldet sein, daß speziell die männliche Bevölkerung dazu überging, nicht mehr am Outfit selbst, sondern nun am eigenen Körper herumzufuhrwerken. Als Katalysator darf in diesem Zusammenhang Arnold Schwarzenegger in seiner Rolle als *Conan der Barbar* nicht unerwähnt bleiben. Heerscharen trainingssüchtiger Männer traten in die sich rasch vermehrenden Sportvereine ein, die es bald an jeder Ecke gab und die sich hochtrabend-hochstaplerisch »Studio« nannten.

Im Zuge dieses Körperkults, gegen den die Trimm-dich-Welle der Siebziger piefig und spießig wirkte, entstand erhöhte Nachfrage für allerlei modischen Schnickschnack wie Jogginghosen, Muscle-Shirts und Schweißbändern fürs Handgelenk, vorzugsweise mit Playboy-Häschen-Aufdruck. Aber nicht nur der deutsche Mann ging angesichts der modischen Misere dazu über, das Outfit seiner sterblichen Hülle zu modellieren. Dank der Vorturnerin Jane Fonda machte das Zauberwort »Aerobic« die Runde.

Das Wort mutete zwar eher an wie der Name einer neuen Luftschokolade, tatsächlich steckte jedoch ein ausgeklügeltes Gymnastikprogramm plus Video-Kaufkassette dahinter, dazu gab es denn bald auch die passende Kleidung. Selbst die durchschnittliche Hausfrau vermied es folglich, ohne Stirnband aus dem Haus zu gehen, und zog sich vor dem Gang zum Metzger zwecks Vermeidung von Muskelzerrungen aufgrund fehlender Warm-ups vorsorglich »Stulpen« über die Gymnastikhosen. Diese hießen von nun an nur noch »Leggings« und dominieren in manchen Ortschaften bis zum heutigen Tage auf bedrohliche Weise das Straßenbild.

Mitte der Achtziger hatten die Subkulturen und Jugendgruppen modisch weitestgehend ihren Einfluß eingebüßt. Was nun aber nicht hieß, daß es einfacher wurde, sich trendgemäß zu kleiden. Es wurde nur kostspieliger. Individualität wurde mit ausgeprägtem Bewußtsein für prestigeträchtige Marken ausgedrückt. Mit der Individualität war es aber nicht weit her, da ganze Armeen dem Markenwahn anheimfielen und folglich jeder zweite zu MCM-Tasche, Lacoste-Polohemd und Benetton-V-Auschnitt-Pulli griff. Wer nicht mindestens einen Esprit-Schal oder ein Marc O'Polo-Sweatshirt sein eigen nennen konnte und statt dessen genötigt war, bei Witboy oder Jean Pascale die billigen Imitate zu kaufen, landete über kurz oder lang im sozialen Abseits.

Neben dem großräumigen Wirrwarr durch Popper, Punks, Müslis, Waver, Aerobic und Lacoste-Hysterie war die Dekade von unsäglichen Experimenten rund um das gute alte Genueser Tuch gekennzeichnet. Die klassische 501 von Levis reihte sich ein in die lange Liste der Prestigeobjekte. Begehrt ebenfalls die Vanilla-Jeans, ein Quasi-Derivat der einstigen Karottenhose.

Daneben kam es zu unschönen Trends wie der »Stone Washed Jeans«, deren an Marmor gemahnendes Dekor durch das Hinzugeben von Steinen beim Färbegang erzielt wurde. Als Steigerung darf man die sogenannte »Moon Washed Jeans« betrachten, wobei hier nie hieb- und stichfest geklärt werden konnte, ob diese ihre eigentümliche Optik tatsächlich dadurch erhielt, daß man sie zusammen mit Mondgestein färbte.

Als unverzeihliches Versäumnis muß allerdings in diesem Zusammenhang gelten, daß die Bekleidungsindustrie im Winter 1989/90 nicht konsequenterweise auch noch die »Wall Washed Jeans« auf den Markt brachte. Unverzeihlich ebenfalls, daß eine nicht zu verachtende Anzahl gebildeter Mitteleuropäer sich weismachen ließ, trotz zunehmender kontinentaler Erwärmung wäre das Tragen von Thermohosen unerläßlich. Und schlußendlich ist ebenfalls unverzeihlich, daß eine wesentliche Frage jenes unbarmherzigen Jahrzehnts bis zum heutigen Tage immer noch unbewältigt und unbeantwortet geblieben ist: Wer sah denn nun mit Afrozöpfchen besser aus – Bo oder Heidi?

Kerstin Topp, geboren 1965 in Berlin, redaktionelle Mitarbeiterin und Reporterin bei FRITZ. Erste erfolgreiche Publikation: das Gemälde Ernie und sein Quietsche-Entchen in der Zeitschrift *Sesamstraße* (1970). Zweite Publikation: das Grand Prix-Buch *L'Allemagne Deux Points* (1998). Einschneidendste Erlebnisse zwischen 1980 und 1990: die legendäre Popper-Punk-Schlacht 1980 am Berliner Hermannplatz, das Bestehen des Abiturs und das Konzert von *The Police* 1983 in der Berliner Eissporthalle.

POiSON

Die Griffe ins Klo
Geschmacksirrungen und -wirrungen

■ **Von Jan Weyrauch**

Wir sind die Kinder der Achtziger und hätten es schaffen können. Wir hätten sie zu einem wirklich großen Jahrzehnt machen können, so wie die »Goldenen Zwanziger« oder die »Wilden Sechziger«. Aber wir haben es gründlich versemmelt. Mit ein bißchen mehr Anstrengung hätten auch wir uns ein schönes Attribut verdient, etwa die »Glücklichen« oder wenigstens die »Friedensbewegten Achtziger«.

Doch welches Attribut soll man einem Jahrzehnt voranstellen, dessen geschmackliche Ausrichtung nie die Erträglichkeitsgrenze auch nur gestreift hat? So viele Griffe ins Klo hat sich keine Generation vor uns geleistet. Was können Hunderttausende von Friedensdemonstranten imagemäßig noch bewirken, wenn sich zwei Drittel von ihnen lilafarbene Tücher um den Hals schlingen und der Rest eine Fönfrisur trägt, die wie eine Bodenturnübung aussieht und auch so heißt: die Außenrolle.

Wir haben halt stets für die gute Sache demonstriert und nie gegen unseren schlechten Geschmack. Oder hatte irgend jemand den Mut, ein Exempel zu statuieren? Zum Beispiel im Zimmer seiner Freundin die Pierrot-Clown-Gipsmaske mit der zartrosa Träne auf der Wange von der Wand zu reißen und diese heulende Geschmackskatastrophe feierlich dem Mülleimer zu überantworten? Zugegeben: Das hätte nicht gereicht. Da gab es noch das DIN-A1-Pierrot-Clown-Poster über dem Schreibtisch und die Pierrot-Clown-Bettwäsche. Aber es wäre ein Anfang gewesen.

Es hätte auch schon genügt, eine Kunstaktion zu starten und zum Klang von 40 im Kreis aufgestellten Hi-Fi-Anlagen, aus denen simultan *Live is Life* von *Opus* dröhnte, öffentlich zu erbrechen. Oder sämtliche Karottenhosen dieses Landes mit Beton auszugießen und in den Tiefen der Ostsee als künstliche Korallenriffe zu versenken. Nur gab es unter uns leider keinen Don Quichote des guten Geschmacks, der es gewagt hätte, mit gezückter Schere den Kampf gegen die übermächtige Armada von pastellgelben Lederschlipsen und heimtückisch in Blusen und Sakkos versteckten Schulterpolstern aufzunehmen.

Und so versanken wir in einem geschmacklichen Bermudadreieck zwischen *Miami Vice,* Wit Boy und Lady Di. Das schlimmste waren die Frisuren: Trug man in den Siebzigern noch konsequent lang und in den Neunzigern genauso konsequent kurz, so waren die Achtziger ein grauenhafter Kompromiß in Halblang. Den gefönten Brückenschlag zwischen den Jahrzehnten schaffte Lady Di als erste und setzte Maßstäbe. Was Anfang der Achtziger dazu führte, daß 98 Prozent der weiblichen Bevölkerung sich als Lady-Di-Double ihr Geld hätten verdienen können. Der Rest studierte Kunstgeschichte und trug das Haar asymmetrisch. Das sah zwar irgendwie anders aus, aber auch scheiße.

Es gab nur eines, was noch schlimmer war als die Frisuren der Frauen: die Frisuren der Männer. Modern war die Postmoderne, und die gab die Parole »anything goes« aus, was sich fatal auf die männlichen Haare auswirkte. Von Popperlocke bis Vokuhila (vorne kurz, hinten lang – bei Fußballspielern und Polizisten gerne in Kombination mit Oberlippenbärtchen) war jede Grausamkeit erlaubt. Wer weiß, vielleicht wäre uns wenigstens das Haargel Marke »extra strong« erspart geblieben, hätte Falco sein Auto schon ein paar Jahre früher gegen einen Bus gelenkt. So aber mußten wir uns das klebrige Zeug kübelweise auf den Kopf kippen, um die Haare anschließend zum Nacken zu ziehen und an der Kopfhaut festzutapezieren.

Der einzige Ausweg aus diesem Frisuren-Desaster führte direkt ins Ozonloch. Mit drei Dosen Haarspray am Tag konnte man seine Haare wenigstens zu einem halbwegs geschmacksneutralen »Flattop« aufrichten, mußte dann aber auch bereit sein, seinen Kopf regelmäßig zusammen mit der Karottenjeans zum Entfärben in den Domestos-Eimer zu stecken.

Die Kleidung stand den Frisuren übrigens in nichts nach. Als Frau trug man vorzugsweise schulterfreie apricotfarbene Tops, dazu halblange türkise Röcke, die – genau wie die Frisur – auf der linken Seite etwas länger waren als auf der rechten. In den Händen hielt man 8er Stricknadeln aus indianischem Zedernholz und war gerade kurz davor, den dreiunddreißigsten Mohair-Wollpulli mit Fledermaus-Ärmeln in Lindgrün zu vollenden, einer Farbe, die heutzutage nur noch bei der Herstellung von Klobrillen Verwendung findet.

Männer zogen Marc O'Polo-Sweatshirts in Bordeaux an, denen sie vorher in mühevoller Kleinarbeit die Ärmel an den Schultern schräg abgetrennt hatten; darunter wahlweise ein weißes Fruit-of-the-Loom-T-Shirt oder ein Fiorucci-Netzhemd. Beides zusammen wurde in die Vanilla-Jeans mit Seitenstreifen gestopft und mittels eines Einreiher-Nietengürtels von Jean Pascale festgezurrt. Marken waren wichtiger als das Aussehen, was direkt zur Erfindung des Wollpullis mit V-Ausschnitt bis zum Bauchnabel führte. Endlich konnte ein jeder auch das Lacoste-Krokodil auf dem Unterhemd bewundern.

Doch was man oben für Benneton, Marc O'Polo und Lacoste mehr ausgab, sparte man unten wieder ein. Kunstfaser-Tennissocken im Zehnerpack für 4,95 DM von Woolworth mit blau-roten und gelb-grünen Streifen waren der Renner. Sie machten zwar Schweißfüße, aber die konnte eh keiner riechen, weil man seine Adidas-Allround selbst im Bett nicht auszog.

Schade, daß sich auch unsere Umgebung langsam, aber sicher unserer Kleidung anpaßte. Wir lebten in der visuellen Hölle, und keiner tat etwas. Warum nur hat niemand gegen die Invasion der schwindsüchtigen Hydrokulturen und verchromten Freischwinger-Stühle protestiert? Wo war der, der den Angriff der Ikea-Poster mit dem Motiv »17 rote Tomaten und eine Schwarze« abgewehrt hätte? Weshalb gab es kein Auftrittsverbot für Musiker mit Umhängekeyboards oder Headless-Mini-Baßgitarren, die direkt unter der Achselhöhle gespielt wurden? Wieso hat niemand die Ausbreitung der Deckenfluter verhindert, deren Energiesparbirnen dem Zimmer die Wärme der sibirischen Tundra verliehen?

Und vor allem: Warum hat keiner nach dem Schuldigen für unser aller Achtziger-Jahre-Single-Dasein geforscht und ein Gesetz gegen die massenweise Verbreitung von französischen Bistro-Tischchen erlassen? Wenn wir nur noch alleine im Café saßen, dann lag das nicht an unserer mangelnden Kommunikationsfähigkeit, sondern einzig und allein an den Mamorimitatplatten von der Größe einer Tischtenniskelle. Jeder Versuch, sich zu einem anderen an den Tisch zu setzen, endete unweigerlich damit, daß man ihm den Milchkaffee in den Schoß kippte. Nicht gerade der ideale Beginn für eine dauerhafte Beziehung.

Warum also haben wir nichts gegen dieses allgegenwärtige Design-Desaster unternommen? Die Antwort ist einfach: Wir waren benebelt, betäubt, in Vollnarkose. Ein einziges Parfum hatte unsere Geschmacksnerven lahmgelegt, denn über den Städten lag eine Dunstglocke, die übler war als Kohlenmonoxyd, Schwefeldioxyd und alle Tennissocken zusammen: *Poison*, ein Duft so erotisch wie die Schweinepest.

Dieses Parfum hat unser aller Kampf für ein schönes Attribut zunichte und die Achtziger zu dem gemacht, was sie heute sind: das Jahrzehnt des schlechten Geschmacks. Deswegen bleibt uns nur eine Bezeichnung, und die auch noch in englisch: The »poison 80ies«.

MEDIEN & KOMMUNIKATION

TOMORROW'S JUST ANOTHER DAY
Coole Helden ohne Socken

■ **Von Oliver Kalkofe**

Oh, welch ein freudiges Raunen ging da wohl um die Erde, als die Uhr am 31. Dezember 1979 auf Mitternacht sprang. »Gott sei Dank, es ist 1980!« jubelte man rund um den Globus und ließ begeistert die Korken der Schaumweinflaschen ploppen. Die kulturell katastrophalen siebziger Jahre waren endlich überstanden – die Welt atmete auf! Dabei war die Gefahr noch längst nicht gebannt. Denn vom neuen Jahrzehnt unbeeindruckt blieb die ausladende Hosenweite unten in reziprokem Verhältnis zur genitalabschnürenden Schrittenge oben erst einmal keck bestehen. Auch die daumendicken Kassen-Umrandungen der milchigen Brillengläser zeigten ebensowenig Interesse an Schmälerung wie die Revers der grobgerippten Cord-Sakkos, und selbst die Friseure sahen anfangs noch keinen Grund, die männliche Kundschaft auf die Abscheulichkeit ihrer verbrecherischen Haarmode hinzuweisen.

Doch plötzlich gesellten sich zum Kackbraun und Kotzbeige der Vorjahresanzüge immer öfter Oberhemden in Puffmutter-Pink, Luden-Lavendel oder Rosetten-Rosa. Langsam, aber stetig verfärbte sich die Welt pastell, die kultivierte Langeweile und aufgesetzte Seriosität schwanden dahin und wichen schleichend knalliger Coolness und flippiger Fröhlichkeit. Disko wurde zu Pop, statt nach der Nase von Barbra Streisand schmachtete man nun nach dem Nabel von Madonna, und verbrecherische Fernseh-Bösewichter wurden nicht mehr von knollennasigen Polizei-Humpeln in Hut und Mantel durch die *Straßen von San Francisco* gehetzt, sondern von sockenlosen Designer-Schnöseln über die Reeperbahn von Miami.

Sonny Crockett und Ricardo Tubbs, so eine Art Dieter Bohlen und Roberto Blanco der Verbrechensbekämpfung, jagten stets perfekt gekleidet in *Miami Vice* Drogendealer und andere Schweinepriester zu schwülstigen Pophymnen durch das sündige Pauschaltouristen-Mekka, guckten dabei stets immens betroffen und veränderten so nebenbei das Erscheinungsbild herkömmlicher Krimiserien. Optische Finesse war nun gefragt, durchkomponierte Bildästhetik und schneidig choreographierte Schurkenerschießungen. Man wollte schöne Menschen sehen, smart, clever und in schicken Klamotten.

Der Mut zum Heldentum mußte neu geweckt werden, denn das Trauma Vietnam bedurfte dringend der Verarbeitung durch sympathisch erfolgreiche Siegerfiguren! Kaum ein amerikanischer Serienstar konnte in dieser Dekade gefunden werden, der sich nicht in regelmäßigen Abständen daran erinnern mußte, wie er einst in der grünen Hölle seinen unschön zurechtgeschossenen Kameraden vor den Vietkong rettete, indem er ihn – mit selbst drei Kugeln in jedem Bein – huckepack zwölf lange Meilen zum Hubschrauber schleppte.

Außer in Deutschland interessierte sich keine Sau mehr für dröge Kommissare mit C&A-Windjacken, die in deprimierenden Amtsstuben hockten und ihre ungelösten Fälle abhefteten – Action war angesagt! Das *A-Team* verballerte in einer Folge mehr Munition als *Derrick* in seinen letzten neun Leben zusammen, ohne allerdings jemals zu treffen. Der charismatische Kampfhubschrauber *Airwolf* bombte seine Feinde gleich im Dutzend von der Bildfläche, und Stuntman Colt Seavers zeigte uns in seinem Ferienjob als Kopfgeldjäger, daß amerikanische Autos weiter fliegen können als so manche osteuropäische Linienmaschine.

Überhaupt spielte die Wahl des adäquaten PKWs als Statussymbol für den Helden wieder eine wichtige Rolle – zusammengeschweißte Schrotthaufen wie der fahrbare Toaster von Inspektor *Columbo* oder das feuerrote Spielmobil von *Starsky und Hutch* waren jetzt undenkbar! Mindestens ein Ferrari war vonnöten, um von den häßlichen Hawaii-Hemden des charmanten Schnauzbartträgers Thomas *Magnum* ablenken zu können, und bei der hochtoupierten Vogelnest-Matte von David Hasselhoff in *Knight Rider* half nur noch ein sprechender Sportwagen! Schade nur, daß der labernde Ami-Manta K.I.T.T. seinen brusthaarigen Kollegen an schauspielerischem Können und Menschlichkeit bei weitem übertraf, so daß jener letztendlich als germanischer Kindergarten-Popstar und ehrenamtlicher Bademeister am Strand von Malibu endete.

Während die vornehmlich für ein mehr oder weniger erwachsenes Publikum entwickelten Abenteuerserien zunehmend in das Cartoon-Genre abrutschten, gab es im Bereich der Kinderserien eine ähnlich bizarre Entwicklung zu beobachten. Plötzlich waren die Zeichentrick-Idole der Kids keine charmanten, destruktiv veranlagten Hasen, Mäuse oder Koyoten mehr, sondern bewaffnete Kampf-Mutanten, futuristische Karate-Roboter oder kosmische Killer-Heizdecken. Säbelschwingende Hirnschwund-Helden wie *He-Man, She-Woman* oder *It-Thing*, zerstörerische Schrottpressen namens »Transformers« und andere japanische Fließband-Krakeleien geisterten durch die Kinderprogramme und zogen das junge Publikum in ihren Bann. Kaum zu verstehen für die Generation, die noch mit den doofen Knetfiguren der *Rappelkiste* und dem debilen Känguruh bei *Trickfilmzeit mit Adelheid* aufwachsen mußte!

Doch nicht nur das – der nächste Schock für die Eltern stand schon bereit.

Plötzlich machte sich jene berüchtigte Hottentotten-Musik, die bisher nur über Radio und Schallplattenspieler aus dem Kinderzimmer gedrungen war, (höchstens noch mal als exotisches Schmankerl in der *Disco* von diesem »netten« Ilja Richter), auch massiv auf dem Bildschirm breit! Der deutsche Schlager lag im Koma, und die *Hitparade* schwächelte gefährlich nach dem Abgang von Dieter Thomas Heck. Sein blasser Nachfolger, der grienende Schmachthaken Viktor Worms, war kein ernstzunehmender Gegner mehr für den internationalen Pop, und so hielt der Video-Clip Einzug auf unseren Mattscheiben.

Lieder zum Angucken – so etwas hatte es bis dato noch nicht gegeben, wenn man die beschwingten Auftritte des *Medium Terzetts* bei *Dalli Dalli* mal außer acht läßt. Kaum eine Sendung wurde von der Jugend allwöchentlich mit größerer Aufmerksamkeit verfolgt als *Formel 1*, das ARD-VIVA im 45-Minuten-Konzentrat. Daß es nur wenige Jahre später ganze Sender geben würde, die rund um die Uhr all diese tollen Kurzwerbefilme der Musikbranche zeigen würden, schien noch genauso utopisch wie Telespiele, bei denen mehr zu sehen wäre als zwei parallele Striche, die im Schneckentempo einen eckigen Ball von links nach rechts schießen.

Die Sendung aber, die unser aller Leben am meisten beeinflussen und das trügerische Bild der harmonischen Familie à la Hesselbach und Waltons ein für allemal verändern sollte, war *Dallas!* Eigentlich nicht mehr als eine höchstens mittelmäßige Soap-Schnulze um eine texanische Inzucht-Sippe und deren Streben nach Glück und Weltherrschaft zwischen Ölbohren und Pferdezucht – doch niemand konnte sich ihr wirklich entziehen. Denn erstmals war der Schurke, eine fies grinsende Sackfresse namens J.R. Ewing, der eigentliche Liebling der Zuschauer. Mit einer Mischung aus Bewunderung und Entsetzen beobachtete man ihn beim Spinnen seiner gemeinen Intrigen und konnte sich der Freude kaum erwehren, wenn er wieder einmal seinen braven Schnarchbruder Bobby oder den dusseligen Cliff Barnes hinterhältig aufs Kreuz gelegt hatte.

Herrlich – was für eine Erleichterung nach dem politisch korrekten Peter Weck und seiner Bilderbuch-Else Thekla Carola Wied mit all ihren ekelhaften Knuddelbratzen in *Ich heirate eine Familie!* Wie erfrischend waren da doch die diabolischen Eskapaden der Ewings – oder auch die der Carringtons! Denn wem *Dallas* zu harmlos oder zu realistisch war, der guckte den *Denver-Clan!* Dasselbe in Grün, nur waren hier alle noch reicher, die Verwicklungen waren noch bescheuerter, und J.R. hieß Alexis und hatte Titten.

Alles in allem waren die Achtziger schon aufregend. Jedenfalls im Fernsehen. Die spannendste Entwicklung auf dem TV-Sektor hob sich das schelmische Jahrzehnt allerdings fast bis zum Ende auf: die Einführung des Privatfernsehens! Plötzlich schien das oberlehrerhafte Monopol der Öffentlich-Rechtlichen gebrochen, und es war erlaubt, das Publikum ohne Reue oder erhobenen Zeigefinger mit reiner, anspruchsloser Unterhaltung zu füttern. Das Land wurde verkabelt, lustige bunte Game-Shows schossen wie Pilze aus dem Boden, und das Publikum schleckte die leichte Medienkost begierig auf wie Mickey Rourke Eiswürfel und Essensreste aus dem Bauchnabel von Kim Basinger. Sahnetorten flogen, Stühle und Preise wurden heiß, Erika Berger führte frivole Fickel-Talks, und Frischobst imitierende Frauen tanzten zur Begrüßung der Neunziger mit blankgerubbelten Möpsen den Titten-Tango im Fruchtsalat-Ballett.

Je weiter die Dekade voranschritt, desto mehr regierte der grellbunte Übermut im Übermaß, und die Zuschauer schienen ob der großzügigen Auswahl an Fernseh-Fast-Food hoch zufrieden ... nicht ahnend, daß ihnen noch nicht einmal zehn Jahre später das ganze sinnfrei launige Trash-TV schon wieder gehörig auf die Eier gehen würde! Selber schuld. Hätten wir die Achtziger einfach ausgelassen oder weitergezappt – wir hätten uns eine Menge ersparen können!

Guten Tag, mein Name ist **Oliver Kalkofe**. Heutzutage in den Neunzigern mache ich viele dumme Sachen, wie *Kalkofes Mattscheibe*, Onkel Hotte (Märchenonkel vom FRÜHSTYXRADIO) und vielerlei anderes in Fernsehen und Radio. Die Achtziger jedoch waren nicht wirklich leicht für mich. Einerseits, weil ich in ihnen den Großteil meiner Jugend, das Abitur und die Führerscheinprüfung erlitt, andererseits, weil ich noch in Peine lebte – erst Anfang der Neunziger entdeckte ich das Ortsausgangsschild. Doch nichts gegen Peine, die Stadt hat es schon ohne meinen Spott schwer genug, und wahrscheinlich ist sie genauso froh wie ich, daß ich endlich weg bin. Aber es waren schon harte zehn Jahre. Und die gefühlte Zeit war sogar noch länger!

i NEED A HERO
Das populäre Kino

■ Von Ronald Bluhm

Man muß schon in den Achtzigern aufgewachsen sein, um das Jahrzehnt der knuddeligen Kreaturen, Bizeps-Bimbos, coolen Cops und Radau-Roboter für eine große Zeit des Kinos halten zu können; von Vorteil ist zudem ein kindliches Gemüt, zumindest aber eine gewisse Großzügigkeit gegenüber den konservativen Botschaften im Hochglanz-Look der neuen Werbespot-Ästhetik und angesichts tanzender Stahlarbeiterinnen wie Jennifer Beals, sieben Folgen der *Police Academy*, Willy Bogners Skifahrer-Filmen, Brigitte Nielsen und Pia Zadora. Alles in allem empfiehlt es sich, nostalgisch verdammt vernebelt zurückzublicken: auf eine Dekade des Kinos, deren einsamer Höhepunkt der kollektive Schneuz ins Taschentuch war, zu den berühmten, bewegend gemurmelten Worten: »E.T. nach Hause telefonieren«.

Im Grunde beginnt das Kino der Achtziger schon im Jahre 1977. Denn mit *Unheimliche Begegnung der dritten Art* und *Krieg der Sterne* hatten Steven Spielberg und George Lucas bereits die Grundmodelle des neuen Blockbusters geliefert. Meist handelten sie von einfachen Provinz-Personen in märchenhaft simplen Geschichten. Fast immer drehte sich alles um die Illusion von Geschwindigkeit und die Aufhebung der Schwerkraft.

Der Special Effect wurde deshalb zum eigentlichen Star der Show. Er beanspruchte die meiste Aufmerksamkeit und den Großteil der Produktionskosten – dank Spielberg und Lucas (sowie dessen florierender Effekt-Firma Industrial Light and Magic) staunten wir im Kino wieder wie die Kinder auf dem Jahrmarkt: über *Gremlins* oder *Poltergeist*, über *Willow* oder *Roger Rabitt*, über Harrison Ford als heldenhaften Schlapphut-Träger *Indiana Jones* und über Marty McFlys Eskapaden in der *Zurück in die Zukunft*-Trilogie. McFlys beneidenswert schwebendes Skateboard wurde höchstens noch vom Vorbeiflug am Vollmond per fliegendem Fahrrad übertroffen, natürlich in *E.T.*, dem kassenstärksten Film des Jahrzehnts.

Das Spielberg'sche Spielzeug-Kino sorgte für Rekordumsätze und millionenschwere Merchandising-Möglichkeiten, so daß Hollywood in Folge überwiegend

ähnlich Harmlos-Heiteres gebar: zahlreiche Space-Opern (von *Star Trek* bis *Star Crash*), viele Fantasy-Filme (von *Kampf der Titanen* bis *Krull*), gequirlter Quark in Hülle und Fülle (von *Ghostbusters* bis *Splash – Jungfrau am Haken*) und Comic-Helden im Dutzend (von Superman bis Batman, über Supergirl, Flash Gordon, Buck Rogers, Popeye und Conan). Kunterbunte Kunstwelten also, die mit Phantasien von strammstarken Jungs und üppigen Starlets zu militaristischen Märschen und Trompetenfanfaren alle Pubertätspickel für zwei Stunden vergessen ließen.

Das vorherrschende Bedürfnis nach unschuldig-naiven Geschichten, nach Heldenmut und kleinen Wundern verrät natürlich auch, wie tief der Karren alldieweil im Dreck steckte. Das Jahrzehnt war schließlich nicht für sein sorgenfreies Miteinander in einer Vorstadt-Idylle bekannt (siehe *Blue Velvet*), sondern für ungenierte Gier (siehe *Wall Street*), für Ellenbogen-Taktiken (siehe *Die Waffen der Frauen*) und für karrieregeile Yuppies (siehe alle Filme mit Tom Cruise). Verständlich, daß die nackte Überlebensangst im Kämpf-und-Kauf-Klima der Konsumrausch-Dekade auch den Splatter-Exzeß zu blutigen Blüten treiben sollte *(Tanz der Teufel)*, und daß neben Indiana Jones noch ein weiterer, nicht ganz so grundguter Schlapphut-Träger zum Popidol aufstieg: der halbverweste Teenie-Schlitzer Freddy Krueger.

Neben allerhand Zuckerwatte zerrt das Kino eben auch immer unsere übelsten Befürchtungen ins erbarmungslose Licht des Projektors. Und neben diversen Alpträumen in der *Elm Street* (am Freitag, den 13., oder zu Halloween) beschwor es in diesen Jahren gern die atomare Katastrophe herauf. Betroffen schlichen wir aus dem Endzeit-Schocker *Der Morgen danach*; bestürzt beobachteten wir die Machenschaften der Atom-Mafia in *Silkwood*; besorgt mußten wir ohnmächtig zur Kenntnis nehmen, daß laut *Wargames* bereits Kinder in der Lage waren, den berühmten roten Knopf zu drücken.

Immerhin wußte das Kino nach all diesen nuklearen Schrecknissen auch ein wenig zu trösten. Versprachen uns doch Endzeit-Helden wie *Mad Max, Die Klap-*

perschlange oder *Der Terminator* ein überaus abenteuerliches post-apokalyptisches Leben inmitten dekorativ drapierter Zivilisationsruinen – aus denen Arnold Schwarzenegger als vielleicht größte Kino-Ikone der Achtziger aufstieg: als quasi vollendetste Verkörperung des allgemeinen Wettrüstens.

Kampfmaschinen wie Arnie, Stallone oder Van Damme repräsentierten Präsident Reagans Cowboy-Allüren samt dessen sogenannter Politik der Stärke. Gemeinsam mit den plappernden Polizisten *(Beverly Hills Cop, Zwei stahlharte Profis)* leisteten sie international leicht verständliche, handfest und schlagfertig vorgetragene Aufräumarbeit. Und das schien schließlich bitter nötig, wimmelte es auf der Welt doch nur so von Terroristen und Waffenhändlern, Drogenschmugglern und Kommunisten. Zudem war die Mobilmache der Muskelmänner wohl eine Art letzter Rettungsring vor der vermutlich größten aller möglichen Bedrohungen: der Emanzipation der Frau.

Entgegen der allgemeinen Annahme hatte die Frau der Achtziger nicht nur Aerobic-Kurse im Sinn, auch wenn Jane Fonda, Sydney Rome und sogar Jamie Lee Curtis *(Perfect)* unentwegt auf- und abhüpfend immer so taten. Nein, so manche Leinwand-Lady wußte noch anders aufzutrumpfen: So tanzte Kathleen Turner als *Heißkalte Frau* allen Männern (und insbesondere Michael Douglas) auf der Nase herum. Melanie Griffith galt als *Gefährliche Freundin.* Meryl Streep setzte in Sachen kraftvoll vorgetragener Leidensfähigkeit als *Geliebte des französischen Lieutnants* und in *Sophies Entscheidung* neue Maßstäbe. Und Sigourney Weaver stellte im Kampf gegen Aliens alle Rockys, Rambos, Robocops souverän und schwerstbewaffnet in den Schatten. Jenseits der Fitneßwelle hatte sich also tatsächlich etwas bewegt. Selbst so betagte Diven wie Barbra Streisand und Julie Andrews zogen in musikalischen Komödien wie *Yentl* und *Victor/Victoria* als Herren in Hosen umher.

Derweil mußten sich die Männer schon mal zur schlechtgekleidetsten Frau küren lassen (Dustin Hoffman für *Tootsie*). Sie hatten neuerdings Probleme beim Wechseln von Windeln *(Drei Männer und ein Baby)*, sahen möglicherweise aus wie Leslie Nielsen *(Die nackte Kanone)* und verfielen tölpelhaft Bo Derek *(Die Traumfrau)* oder der wieder ausgeturnten Jamie Lee Curtis *(Ein Fisch namens Wanda).* Immer öfter wurden sie zudem von heimtückischen Rückblenden geplagt, die schmerzliche Vietnam-Erlebnisse offenbarten *(Platoon).* Unterm Strich also kein Wunder, daß bei soviel männlicher Unzulänglichkeit die Ehefrau im trauten Heim nur noch tobte *(Der Rosenkrieg)*, falls dort nicht ohnehin schon jemand wie die allgewaltige Bette Middler regierte *(Zoff in Beverly Hills, Die unglaubliche Entführung der verrückten Mrs. Stone).* Doch Ende des Jahrzehnts war dann erst mal wieder Schluß mit lustig.

Nachdem Aids ins allgemeine Bewußtsein gedrungen war, endeten alle 9 ½ Wochen, und der Postmann klingelte auch nicht mehr zweimal. Außereheliche Affären waren jetzt etwas Verhängnisvolles. Und als unabhängige, sexuell aktive Frau glich Glenn Close gar einem Monster, das mit äußerster Gewalt vom wieder ausgekram-

ten Ideal der Kleinfamilie ferngehalten werden mußte. Die starke Frau war passé, der muntere Rollentausch sowieso. Und Lieblingsopfer Michael Douglas sollte noch die ganzen Neunziger zutiefst verunsichert gegen allzu wilde Weibsbilder wettern.

Von all dem unberührt blieben natürlich die großen Romanzen, wie *Harry und Sally, Jenseits von Afrika, Zimmer mit Aussicht* und *Die blaue Lagune.* Und im Schachtelkino nebenan (drei Treppen runter, dann links um die Ecke, rechts eins hoch und dann immer den Gang lang) durfte auch der junge Mensch noch arglos keusch kuscheln, feiern und fummeln, bei *La Boum* und *La Bamba, Flashdance* und *Footloose*, bei *Breakfast Club* und *Pretty in Pink* und natürlich bei *Dirty Dancing, Dirty Dancing* und bei *Dirty Dancing* – auch wenn von »dirty« so rein überhaupt nicht die Rede sein konnte. Weder beim Dancing, noch überhaupt beim Kino der Achtziger.

Passend zum Lifestyle-und-Luxus-Jahrzehnt wurde Hollywood von einer neuen Generation von Regisseuren erobert, die das Filmhandwerk in der Werbebranche erlernt hatte und die Kinoleinwände mit Hochglanzansichten des allseits beliebten Designer-Looks überzog. Mühelos gelang es beispielsweise Jennifer Beals in *Flashdance*, Schweiß und schwerste Schweißarbeiten als begehrenswertesten Gipfel eines jeden Daseins anzupreisen. Und *Top Gun* machte nicht nur Tom Cruise zum Star. Der Film half auch dabei, Soldaten zu rekrutieren und Sonnenbrillen von Ray Ban zum Bestseller zu machen. Zunehmend wurde es schwieriger, die Vorweg-Reklame vom Hauptfilm zu unterscheiden: Soll das Neonlicht auf regennassen Straßen die Verführung von Kim Basinger illuminieren oder den Verkauf eines Cognacs? Kündigt die wehende weiße Gardine von der Ankunft Catherine Deneuves als unheilvolle Vampirin oder vom Durchzug eines neuen Parfüms? Im Zweifelsfalle saßen wir ohnehin gerade in einer weiteren *Cannes-Rolle.*

Wem der neue Werbelook zu bunt *(Betty Blue)*, zu kalt und steril *(Diva)* oder einfach zu blöd war *(Highlander)*, erholte sich derweil wahrscheinlich bei einer seltsam zeitgemäß wirkenden Satire auf die wunderbare Warenwelt des Westens, bei

Billy Wilders wiederentdeckter Komödie *Eins, Zwei, Drei.* Oder vielleicht bei den schwarz-weißen Leerlauf-Studien des Jim Jarmush, wie *Stranger than Paradise* und *Down by Law.* Einige rätselten in den Off-Kinos auch noch über die Filme von Peter Greenaway, wie *Der Koch, der Dieb, seine Frau und ihr Liebhaber*, erfreuten sich endlos an ursprünglich feurigen Gefühlen à la *Carmen* und schlurften immer wieder in *Koyanisquatsi, Stop Making Sense* und in den *Rausch der Tiefe.*

Typisch für das Jahrzehnt waren wohl auch noch *Die Fliege* (weil Jeff Goldblums ekelhafter Verfall den Aids-Horror am drastischsten zu bebildern schien), *Susan ... verzweifelt gesucht* (weil Madonna mitspielt), *Wie ein wilder Stier* (weil er von den Kritikern als bester Film der Dekade gefeiert wurde) oder *Die Unzertrennlichen* (weil es der wahrlich beste Film des Jahrzehnts ist).

Aber wie müßte eigentlich der quintessentielle Film der Achtziger aussehen? Ein Film, der die Strömungen und modischen Trends, den Zeitgeist der Dekade ganz und gar auf den Punkt bringt? In solch einem Film müßten gierige Geschäftsmänner vorkommen und irgendwelche terroristische Aktionen. Er sollte einen übermenschlich starken Roboter bieten und eine mindestens so schlagkräftige Amazone, vielleicht auch noch einen coolen Polizisten. Das Ganze könnte in der Zukunft spielen, dann allerdings in einer möglichst apokalyptischen, voller Zivilisationsmüll, Neonreklamen und teurer Spezialeffekte – damit auch die Schwerkraft gelegentlich außer Kraft gesetzt werden kann. Selbstverständlich müßten die Bilder edelsten Designer-Ansprüchen genügen. Man braucht also einen ehemaligen Werbefilmer hinter der Kamera und einen möglichst großen Star davor. Wenn es den perfekten Film der Achtziger also tatsächlich geben sollte, dann würde er vermutlich *Blade Runner* heißen.

Ronald Bluhm, Jahrgang 1963, hat schon früh erkennen müssen, daß das Kino weitaus schöner ist als das wahre Leben. Das Sorgenkind einer Seemannsfamilie verdingte sich als Kartoffelschäler, Tellerwäscher, Näher, Babysitter, Putzfrau, Bäcker, Koch, Erzieher und Altenpfleger, bevor ihn eine gescheiterte Bühnenkarriere mit den *Bremer Stadtschmusetanten* endgültig zur Kurskorrektur veranlaßte. Seither tut er seine gesammelten Erfahrungen beim stetig praktizierten Rückzug in den Mutterbauch eines Lichtspielhauses öffentlich auf FRITZ kund – und hofft, die achtziger Jahre nun wieder getrost verdrängen zu dürfen.

LiFE DURiNG WARTiMES
Hickhack auf dem Hühnerhof

■ Von Dorothee Hackenberg

Ein Haus aus der Gründerzeit, in der Potsdamer Straße, 2. Stock. Drei Zimmer mit hohen Fenstern für Werbung, Frauen-, Politik- und Kulturredaktion. Das Berliner Zimmer, der »Rittersaal«, wird gern für die monatlichen Plena genutzt. Ein paar Punks lungern im Gang herum, ein paar Studenten wollen Journalisten werden und haben ihre Kurzreferate mitgebracht. Ein Redakteur, das verblichene Flanellhemd nachlässig in die Jeans gestopft, prüft mit fahlem, ernstem Gesicht das Manuskript. Es scheint, er hat die Nacht über selbst an einigen Entwürfen zur politischen Lage gefeilt und sich dabei in Verzweiflung getrunken. In der Ecke hackt ein anderer ein paar Bekennersätze in die alte Schreibmaschine, gleich geht die Sendung los. Das rote Licht leuchtet, Tür auf, hinterm Pult lungert die Technikerin, liest irgendeinen Comic, und dann dieser unvergleichliche süßliche Duft in der Luft …

»Radio 100 – jeden Abend von 17.00 bis 23.00 Uhr auf UKW 103,4«. Die tiefe, gepreßte Stimme des Jinglesprechers, von ein paar Schlagzeugeffekten unterlegt, kommt wie immer drohend aus dem Nichts, geht hinaus in den Äther. In den Wohngemeinschaftsküchen wird das Radio lauter gedreht.

Schwarze, rote, totenkopfbedruckte Vinyls drehen sich auf dem Plattenteller. *Einstürzende Neubauten*, ein Hauch von Jazz, sekundenlange Pausen, dann ein Speed-Metal-Stück. Die Musikredakteurin hat wieder alles getan, um Hits zu vermeiden. Sie mag es eigentlich lieber schnell und schrill, aber die besten Platten hat sie zu Hause gelagert, sicherheitshalber. In den Redaktionsräumen wird es laut. Ein paar Leute haben das Kubatdreieck, einen Grenzstreifen in Kreuzberg, besetzt, und verlangen unverzüglichen Bericht darüber. Christian mit der Holzkamera, der trotz seiner Behinderung auf allen Demos in vorderster Front marschiert, hat sich in einem Raum eingeschlossen und will sich umbringen, wenn nicht sofort die Reporter ausrücken. Vorher will er allerdings noch einen Abschiedsbrief hinterlassen, aber schreiben kann er nicht so gut. Es gelingt, ihn zu befreien, und am Ende gibt es sogar den Kubat-Mix, eine liebevoll gebastelte Collage aus Sprechchören der Besetzer und Politikertönen, ein Radio-100-Hit, der mehr als einmal täglich läuft.

Es ist März 1987, als Radio 100 das erstemal auf Sendung geht. Ein Haufen von legalisierten Hausbesetzern, die ein paar Häuser weiter wohnen, heimliche Politaktivisten und brotlose Musiker, Leute, die sich von Kneipenjobs, Bühnenarbeiten oder ihrem Bafög ernähren, beginnen erst vier, dann sechs, am Ende 24 Stunden alternatives Privatradio in Berlin zu machen. Privates Radio ist neu in Berlin – 1987 hat die Regulierungsbehörde, der Kabelrat, die ersten Frequenzen vergeben. Der öffentlich-rechtliche Rundfunk ist behäbig geworden, Privatsender nach dem Muster der amerikanischen Formatradios wie RTL sind noch nicht da. Es ist die Chance für ein ambitioniertes, wildes Radio, das dem Wort »Sendung« seine ursprüngliche Bedeutung zurückgeben wird.

Unabhängig, unausgewogen, bewußt antikommerziell will man sein, linker als *SFBeat* und *taz*, und ist doch angewiesen auf die Werbegroschen von Kiezcafés und Szeneschuhläden. Während die Acquisiteure durch die Stadt hetzen, mit der Pressemappe unterm Arm, um Ökometzger und Kleinjuweliere als neue Werbekunden zu gewinnen, wird im Programm ein Aufsatz über die verheerende Wirkung des Kapitals verlesen. Schwarzgekleidete Ex-Häuserkämpfer rezensieren Senatspressekonferenzen, die Frauenredaktion *Dissonanzen* agitiert für Frauenmusik und Frauen-U-Bahnabteile, die Lederschwulen von *Eldoradio* machen eine flotte Magazinsendung, der *Kunstrausch* glossiert Kunst, CDU und Autonome, und als Zugabe gibt es lange, traurig vorgetragene Abhandlungen über den Einfluß der Rüstungskartelle der imperialistischen Länder auf den Trikont. Je später der Abend, desto illustrer die Gäste: der *Wahre Heino* mit seiner gefurzten Nationalhymne, Max Goldt als kongeniale Radiotrinkerin, Marianne Rosenberg und Marianne Enzensberger als *rouge-et-noir-DJanes* bringen Glanz ins kleine Studio.

Man versteht sich als linke Gegenkraft und verschreibt sich allen Minderheiten, die es jemals gegeben hat. Es regiert das Dogma der Frauenquote und der moralische Rigorismus der aufrechten Linken. Natürlich gibt es Streit: Kann sich ein linkes Projekt Mercedes-Werbung leisten? Kann sich ein chronisch finanzkranker Privatsender leisten, sie abzulehnen? Ist die Bundesliga auf Radio 100 tolerierbar oder reaktionär? Wer hat das Sagen, wenn es keine Hierarchien und kein Geld gibt?

Es folgen Geheimsitzungen und Plena, organisierte Abstimmungsverfahren, Säuberungen und Kampfschriften. Und immer der Tanz um die Fleischtöpfe. Wer sein mageres Honorar ausgezahlt bekommen will, heult dem Kassenwart vor, er stünde am Abgrund und könne seine Miete nicht mehr zahlen. Grund für die Dauerfinanzkrise sind endlose Querelen der Gesellschafter, die ihre Finanzspritzen verweigern. Dabei kocht jeder sein eigenes Süppchen: Lehrer und Sozialarbeiter beschwören den Mitmachfunk, Kabelfunker lechzen nach Professionalität, Sozialdemokraten wollen sich ihr Stück vom privaten Medienkuchen sichern.

1991 sperrt der ehemalige grüne Medienreferent und damalige Geschäftsführer Thomas Thimme über Nacht die Belegschaft von Radio 100 aus und meldet Konkurs an. Anschließend betreibt er mit dem französischen Radiomulti NRJ auf gleicher Welle ein Radio nach der amerikanischen Formatphilosophie – das heutige Energy 103,4. Hatte man vorher der revolutionären Perspektive und dem banalen Alltag gehuldigt, werden jetzt mit manisch aufgedrehten moderierenden Schreihälsen und einer Musikrotation von 400 Hits die neunziger Jahre eingeläutet. Die linke Stadtpostille *Zitty* verweist die »Grünkernkämpfer« von Radio 100 auf ihre Plätze und gratuliert den neuen Hausherren: »Mit Privatradios wird Zaster verdient, punktum.«

Vier Jahre lang hatte Radio 100 versucht, das Gegenteil zu beweisen, und war auch noch in vielem innovativ. Es hatte die billigsten und originellsten Werbespots, spielte die sperrigsten Scheiben von Independent-Labels, hielt nachts die Stellung, wenn die Popwellen das dröge ARD-Nachtprogramm herunterdudelten, und experimentierte mit Hörspielen vom Polizeifunkmitschnitt bis zur Kirchentagssatire, immer hart an der Wirklichkeit der Szene, die stets damit rechnete, daß morgen die Welt untergeht, frei nach *R.E.M.* »It's the end of the world as we know it, but I feel fine …«, und in der Zwischenzeit durchaus einige lyrische Töne zum schwarzen Kaffee vertragen konnte.

Radio 100 war das Begleitprogramm zum Lebensgefühl der links-alternativen Achtziger, die sich in permanentem Krieg befanden mit Kohl und Lummer, dem Fernsehen und den Berlin-Touristen, der Volkszählung und den Edel-Restaurants, dem westdeutschen Spießertum und dem Patriarchat, der Hitparade sowie Links- und Rechtsabweichlern in Projekt und Hausgemeinschaft. Der Alltag war aufreibend, stets beherrscht von der Motivation des Widerstands und weit entfernt vom egomanischen Amüsierwillen der heutigen Partypeople. Man hatte genug damit zu tun, in Tarnanzug und schwarzgestiefelt beim Punkkonzert seine »Zusammenhänge« zu pflegen.

Auseinandersetzung war wichtiger als Ausflippen. Klar wurde auch abgetanzt, aber nie ohne Büchertisch und Sammelbüchse für die Freunde im Knast und in der Dritten Welt. Es zahlte sich aus, ein großes Herz zu haben: für Tibeter und Sandinisten, die Irrenoffensive und die Kiffer aller Länder. Quatschen, rauchen und in die Ferne reisen – die Lieblingsbeschäftigungen der Aktiven – war immer auch politisches Programm.

Am Ende war man gescheitert. An den Gesetzen des Marktes, auf dem Kapital und politischer Einfluß regieren, aber auch an der Überzeugung, mit einem Minimum an Geld und sozialen Erfahrungen ein Maximum an Sozialutopie durchzusetzen. Naivität, felsenfester Glaube an die Solidarität aller Beteiligten und nahezu lebensfeindlicher Idealismus führten zuletzt zu Schulden, Tränen, Enttäuschung und Verbitterung, für nicht wenige aber auch zum Einstieg in den professionellen Journalismus. So sehr sie die bürgerlichen Medien verachtet hatten, so schnell wanderten die Radio-100-Macherinnen und Macher in die öffentlich-rechtlichen Sender, durften sich dort vom Aufnahmeleiter zum Redakteur hochdienen, bauten ausgewogene Beiträge und fanden es gar nicht so schlecht, eine Einschaltquote zu haben. Nur einige wenige grollten vor sich hin, schimpften auf die »Ätherhuren« und wurden lieber Pressesprecher.

Auch die *taz* hatte 1979 mit großer Naivität angefangen: »eine linke, radikale, auch satirische Zeitung – täglich!« war der Vorsatz. Zehn Jahre später kämpfte man immer noch ums ökonomische Überleben. Gestritten wurde inzwischen weniger über Politik als über die Marketingstrategie. Wie viele andere Alternativprojekte war die *taz* entstanden aus den sozialen Bewegungen der Siebziger, und die Belegschaft rekrutierte sich aus der einzigartigen Berliner Mischung: westdeutsche Aussteiger, Politaktivisten, Kriegsdienstverweigerer, Studenten und Jobber.

Das Konzept hieß Gegenöffentlichkeit. »Ein Blatt gegen jede freiwillige Zensur und Nachrichtensperre« wollten die Gründerväter und -mütter der *taz.* Während der Fahndungen nach den RAF-Terroristen im Deutschen Herbst waren Nachrichten unterschlagen, war publizistisch gegen die Linke mobil gemacht worden. Eine unabhängige Zeitung wie die *taz* sollte in Zukunft gegenhalten.

Bald berichteten die *taz*-Reporter einfühlsam über die RAF-Prozesse und sammelten Spenden für den bewaffneten Kampf in El Salvador – die bürgerliche Presse war entsetzt, die *taz* wieder im Gespräch. Die kleine Zeitung wurde groß mit Berichten über Ökoskandale und staatliche Repression. Artikel über militante Aktionen der Linken und bürgerkriegsähnliche Szenarien in Kreuzberg bescherten ihr Auflagenrekorde und sicherten ihr die Finanzierung einer neuen Reiseseite, des neuen Layouts und der supermodernen EDV-Technik. Doch immer häufiger hatte der *Stern* jetzt die bessere Reportage über die jüngste Umweltsauerei im Blatt, und die *taz* suchte nach einem neuen Profil.

Ende des Jahrzehnts erschien das Konzept »Gegenöffentlichkeit« überholt. Unterdrückte Nachrichten enthüllte der *Spiegel*, die Subkultur war etabliert und räkelte sich selbstzufrieden im dick subventionierten Frontstadt-Berlin. Das alternative Leben war zum Kulturbetrieb verkommen. In der Abteilung Berlin-Kultur wetzte man die Messerchen, um mit ihm abzurechnen. Adorno im Kopf und Jelinek in der Schreibhand – so entstanden die Texte.

Serien über das Wohnen, das WM-Gefühl, das Leben auf dem Balkon, im Kaufhaus, eine Kulturkritik des Randalerituals am 1. Mai, Horrorfilmfestivals und deutsch-historische Ausstellungsinszenierungen, verästelte Gedanken über die Nacktheit in Freibädern, aber auch schwer zu entziffernde Fragmente über Pop und Cyber und Drogen, sporadisch eingereicht von existentialistischen, schwarzgekleideten, abgehärmten Autoren, die sich als medizinische Versuchskaninchen ihr täglich Brot verdienten, all das fand hier seinen Platz. Einzig der positive Weltentwurf erweckte Unbehagen. Nur in der Ironie, im Zitieren konnte man sich mit der Welt versöhnen: Kreuzberg mit Virilio erklären oder Marianne Rosenberg verehren und sich dabei verschwörerisch zulächeln war im Grunde das gleiche.

Auf den vorderen Seiten tummelten sich die Großkritiker der politischen Weltlage, die gerne Debatten »organisieren«. Mit den Grünen war man eng verbandelt, kannte sich zum Teil aus alten Polit-Arbeitsgruppen, ein Gastkommentar war schnell besorgt. Als die Grünen bei der Wahl schlecht abschnitten, überlegte man laut, ob man sich jetzt nicht mal um die FDP kümmern sollte – die *taz* war ja inzwischen ein Blatt der Intelligenz, und die will bekanntlich vor allem eins: Erfolg. Auf den Sitzungen fielen die Worte »Erstzeitung«, »Professionalität«, »Nachrichtensicherheit« immer öfter, und jedes einzelne war ein Schlag gegen einige Unverbesserliche, die weiterhin auf den alten Kardinaltugenden der *taz* herumritten: Engagement, eigene Themen, Parteilichkeit. Die frechen Überschriften wurden immer öfter in *FAZ* und *Spiegel* zitiert, die *taz* saß mit am Tisch der Medienzaren, und man fand sie witzig.

Vom kämpferischen Elan der frühen Jahre war Ende der Achtziger nicht mehr viel zu spüren. Wurde die Redaktion in der Wattstraße nicht gerade von einer Knastoffensive oder Sympathisanten der militanten Linken besetzt, ärgerte man sich wie in jedem anderen Betrieb über das Kantinenessen und die schlechte Finanzlage. Beides lief am Mittagstisch zusammen. Die zumeist sinkenden Abozahlen der letzten Monate an der Wandtafel im Visier, nahm die *taz*-Gemeinde die selbstgemachte Gemüsepizza ein.

Wie ein Relikt aus einer anderen Zeit erschien Till Meyer, einst Terrorist der »Bewegung 2. Juni«, nun *taz*-Reporter mit Schwerpunkt »Innere Sicherheit«. Kam er mit einer Reportage in die Redaktion zurück, verkroch er sich in ein fensterloses Kabuff, tippte im Zwei-Finger-System in den Schreibcomputer, kettenrauchend und nervös. War der Text im Satz, war Meyer wieder weg. Die *taz*-Normalität zwischen Sandino-Dröhnung und Sellerieschnitzel ertrug er nicht.

Am Ende des Jahrzehnts wurden die einstigen Hausbesetzer Hausbesitzer, die Zeitung zog um in die Kochstraße, nur einen Steinwurf vom Springer-Hochhaus entfernt. Die Anzeigenabteilung warb die großen Banken als neue Kunden, die Chefredaktion dachte über ein »Trendsetting für die Neunziger« nach, und der Chefkommentator schrieb jetzt gern über die Selbstbestimmung der Deutschen und ihrer zukünftigen Metropole im Herzen von Europa. Doch im Erdgeschoß waltete immer noch das Küchenkollektiv, das dem Chefkommentator in stummem Protest das Essen verweigerte, wenn es mit seiner Schreibe nicht einverstanden war. Im Satz schwelte die Revolution und ergoß sich in Form kleiner sabotierender Zwischenbemerkungen in die hochangesetzten Texte, und hier und da fanden sich redaktionelle Nischen, einzelgängerische *taz*ler, die sich fröhlich der Gefangenenbetreuung, den Leibesübungen und den Leserbriefen widmeten.

Auch äußerlich taten sich zunehmend Gegensätze auf. Zwischen die traditionellen Latzhosen, die langen Haare und Bärte der Männer und die Schlabberkleidchen, Miniröcke und Sweatshirts der kindlich gebliebenen *taz*-Frauen mischte sich jetzt immer öfter das schwarze Schlauchkleid der Kulturredakteurin, die dunkle Sonnenbrille des Lokalchefs, der lässige Anzug der Toscana-Fraktion – anything goes, von Szenechic bis schlecht angezogener Angeberei.

Das Styling war Indiz für die langsame Ausdifferenzierung der *taz*lerschaft, die sich ihre Siebziger-Jahre-Werte von A wie Ausdiskutieren bis Z wie Zusammen-Entscheiden im Biotop von Watt- und Kochstraße jahrelang erhalten konnte. Dazu zählte die Vorstellung von unbeschränkter Gleichheit, Teilhabe an der Macht oder, wie man sagte, »repressionsfreien Arbeits- und Lebenszusammenhängen«. Zehn Jahre später gab es immer noch freien Zugang zur 6-Liter-Kaffeekanne. Andere Gleichheitspostulate erschienen im Alltag als absurdes Relikt. Hatte der korrekturlesende Aushilfsstudent wirklich das Recht, in den Text hineinzuredigieren? Auch der Einheitslohn war auf Dauer nicht zu halten.

In dieser Zeit der Verwirrung klammerten sich die Vordenker der *taz* an die Utopie einer gemeinsamen Linie. Die *taz* war in Teilen immer anarchistisch und unerzogen gewesen; in dem Maß, wie sie sich mit ihren Leitartikeln als Verlautbarungsblatt einer institutionalisierten Linken etablierte, bekämpfte sie die Querschüsse aus den eigenen Reihen. Zugleich erschienen Tabubrüche als sportliche Herausforderung, weil es so leicht war, das moralische Feingefühl der *taz*-Leserschaft, dieser ironieunfähigen Lehrer- und Sozialarbeitermentalität, zu erschüttern. Meistens waren es blasphemische oder sexistische Geschmacklosigkeiten, manchmal auch politische Entgleisungen.

Was die *taz* in ihren Anfangsjahren versprochen hatte – ein »Forum für die LeserInnen« zu sein –, erfüllte sich in der Diskussion moralischer Standards. Die wiederhergestellte Gleichheit der Meinungen durch Ausgrenzung von Minderheitspositionen verlangte dann wieder nach einer neuen Provokation, bis die einst widersprüchliche Zeitung tatsächlich immer einheitlicher, aber auch uninspirierter und banaler geworden war.

Am Ende der Dekade waren viele der alten politischen Überzeugungen über Bord geworfen worden, nicht aber das Dogma der Selbstverwaltung. Regiert wurde die *taz* immer noch wie ein Bäckereikollektiv. Die Idee der Wohngemeinschaft, wie sie von der legendären *Kommune 1* während der 68er Studentenrevolte erfunden worden war, war nur unwesentlich fortentwickelt und auf ein Zeitungsprojekt übertragen worden.

Ob Redakteur, Setzer, Praktikant oder Layouter, jeder hatte seine Pflichten, aber auch das Recht, am meterlangen *taz*-Tisch über alles und jedes mitzureden, was Plena in endlose Länge zog und Entscheidungen blockierte. Weil klare Hierarchien fehlten, zerfiel die Groß-WG in zerstrittene Cliquen. Die Chefredaktion, so hatte ein *taz*-Redakteur einst festgestellt, war nie über »embryonale Formen« hinausgekommen und feilte an trendy Marketingentwürfen.

»Vom Projekt zum Produkt«, beschrieb die damalige Chefredakteurin Georgia Tornow den Spagat. Mit einem ungewöhnlichen Vorschlag wollte sie die Portokasse der bedrohten *taz* aufbessern. Er offenbart die Selbstüberschätzung des Milieus, das ernsthaft glaubte, das Hickhack auf dem alternativen Hühnerhof hätte historisches Format: »Die Plena werden auf Video aufgenommen und zu einem Aus-dem-Innern-des-Kokons-Film über den Wandel der *taz* zusammengefaßt und sofort auf dem Markt verkauft. Bester Macher: Stefan Aust.«

Es war ein Jahrzehnt, in dem man hoch hinauswollte und um so tiefer fiel. Man erstrebte viel und bekam wenig. Und am meisten litt man vielleicht an der Banalität dessen, was man schon hatte. Max Goldt formulierte es so: »Der Islam nervt, und meine Hose ist zu eng. Der Kosmos nervt, und meine Wohnung ist zu klein. Das Leben ist uninteressant, aber schön.«

Dorothee Hackenberg, Jahrgang 1964 und geboren in Würzburg, kam 1986 nach Berlin, mit der typischen Sehnsucht nach Großstadtkultur und linken Ideen, wie man sie in westdeutschen Kleinstädten entwickelt. Anfangs eifrige Studentin (Germanistik, Politik und Kunstgeschichte an der FU Berlin), wurde später das Bafög in linke Projekte gesteckt. Seit 1988 Mitarbeit bei der Sanierung eines Kreuzberger Selbsthilfewohnprojekts, 1987 bis 1989 Redakteurin bei Radio 100, 1989 bis 1991 Redakteurin bei der *taz*. Nach der Wende folgte ein kurzes Zwischenspiel bei DT 64 und der Mitaufbau von Rockradio B. Bei der Fusion von Rockradio B und Radio 4U zu FRITZ Wiedersehen mit ehemaligen Radio 100-MitarbeiterInnen. Von Anfang an bei FRITZ dabei, heute als CvD und Programm-Managerin.

HURRA, HURRA, DIE SCHULE BRENNT

Wie ungeil wir redeten

■ Von Nathalie Daiber

»Geil« – dieses Wort setzen 1998 die Politiker der PDS auf ihre Wahlplakate. Sie meinen damit nicht etwa, daß sie alle sexuell erregt seien und deswegen unbedingt gewählt werden wollen. Nein, sie sind einfach toll oder super, eben wählbar und noch dazu modern, deswegen geil oder auch cool. Meinen sie zumindest auf ihren Wahlplakaten. Damals aber trieb es meiner Mutter die Schamesröte ins Gesicht: »Kind, das kannst du doch nicht sagen!« Und meine Mutter war bestimmt nicht prüde oder spießig, nein, sie war eine politisch aktive, frauenbewegte und anarchistische Achtundsechzigerin.

Aber vor den achtziger Jahren sagte niemand »geil«, wenn er etwas einfach nur gut fand. Nein, das sagte man noch nicht mal im Bett, ein schmutziges, ordinäres Wort. Und plötzlich sangen *Extrabreit*: »Hurra, hurra, die Schule brennt. Das ist geil!« Und »geil« war genau das richtige Wort, gerade weil es so anrüchig, ordinär und Schamesröte provozierend war. Es brachte auf den Punkt, was unsere progressiven Eltern uns beigebracht hatten.

Denn wir sind die Kinder der ach-so-aufgeklärten 68er sexuellen Revolution. Uns wurde nicht mehr von der Biene und dem Honig erzählt, es ging gleich zur Sache, zum Sex. Und das schon in der vierten, fünften Klasse, ob es uns interessierte oder nicht. »Aufklärung« war angesagt, ob zu Hause oder in der Schule, alles ganz offen. »Du kannst mit uns über alles reden, wir sind nicht verklemmt wie unsere Eltern, und Sex vor der Ehe ist normal. Nur werd nicht schwanger!« Deswegen Aufklärung. Und deswegen »geil«, denn wenn Sex das Normalste von der Welt ist und obendrein weder schmutzig noch anrüchig, sondern spaßig und noch dazu ein Sport – »Wer zweimal mit der Gleichen pennt, gehört schon zum Establishment«, so ein Spruch der Siebziger –, dann ist einfach auch alles andere geil.

Klar haben wir Jugendlichen uns nicht zu einem großen Plenum getroffen und beschlossen: So, führen wir unsere Eltern mal ein bißchen vor. Aber wer will schon reden wie seine Eltern, total »ungeil«? Leider waren die nur kurz schockiert, denn sie hatten für alles Verständnis und wurden bekanntlich später zu Berufsjugendlichen.

Aber wir waren nicht nur geil, wir waren auch cool. Uns törnte manches an, anderes eher ab, und wir mußten alles erst mal abchecken. Alles Coole kam aus Amerika, und unsere Sprache erst recht. Der große Bruder aus dem Westen brachte uns die Trends, zum Beispiel das richtige Ghettofeeling der Schwarzen und deren Musik, den Rap.

Angefangen hatten schon unsere Eltern, im kleinen, feinen Westdeutschland hatten »Love and Peace« und Drogen ihren Einzug gehalten. Wir waren gewarnt: Die ersten Drogentoten machten Schlagzeilen, Christiane F. veröffentlichte ihr Buch über die Drogenszene in Berlin. So war zumindest ein Teil von uns clean: die Yuppies. Sie waren die ungetrübten Geldmacher mit einer absolut positiven Zukunftssicht, genau das Gegenteil zu den Ökos. Mit ihren Aktenköfferchen gingen sie an die Unis und studierten Betriebswirtschaftslehre, Porsche und Villa schienen garantiert – konnte ja keiner wissen, daß auch Manager in den Neunzigern arbeitslos werden und mit den geisteswissenschaftlichen Akademikern von Sozialhilfe leben würden.

In Insiderkreisen studierten *Studis* BWL – es wurde eben alles gekürzt. Auf *Demos* gab es *Transpis, Flugis* und *Spukis*: Transparente, Flugblätter und nur mit Spucke klebende Aufkleber. Wer jetzt meint, das alles seien politische Begriffe, hat recht, denn *Studi* und »politisch« aktiv war identisch – bis auf die BWL-Studenten, die aber auch keine echten Studis waren, sondern Studenten ... Und es war ernst: Aids und Tschernobyl verhießen den nahenden Weltuntergang, und nur stetig aufrechtes politisches Bewußtsein plus Aktion konnten die Erde noch retten. Entweder gingen wir auf jede Friedensdemo, waren in Wackersdorf, in Gorleben, auf der Startbahn West, oder wir lebten in besetzten Häusern.

Allen Anfang aber machte unsere Sprache: Wir redeten mit dem großen »I«. Studenten wurden zu StudentInnen, Schüler zu SchülerInnen und Politiker zu PolitikerInnen. Die Frauenbewegung war uns nah und Sprache männlich besetzt. Gut, daß es Abkürzungen gab, so konnte man/frau geschickt Zungenkapriolen vermeiden. Wir sprachen nicht von der »Dritten Welt«, denn das suggerierte, es gäbe eine »Erste« und damit bessere Welt. Und den Menschen in der sogenannten Dritten Welt ging es ja nur so schlecht, weil die Erste Welt sie ausbeutete. »Entwicklungsländer« war auch passé, denn das hieße ebenso, es gäbe den einzig richtigen Weg zur Entwicklung, nämlich den kapitalistisch ausbeutenden der Ersten Welt.

Und weil wir so hochmoralisch und gut waren, sagten wir auch nur heimlich »Spasti« und »Assi«, denn die konnten ja nichts dafür. Politisch korrekt sollte alles sein, auch wenn es diesen Begriff noch gar nicht gab. Immerhin sollten wir mit unserer antiautoritären Erziehung als erste Generation die neuen und besseren Menschen werden, die unsere Eltern dank ihrer faschistischen Eltern nicht sein konnten; und mit uns sollte auch kein Faschismus mehr möglich sein. Wir sollten endlich frei sein – und Solidarität mit den Unterdrückten kam einfach gut.

Außerdem mußten wir dem konservativen Rest der Nation beweisen: Trotz Spaghetti an der Wand – die alle antiautoritären Kinder dort plazieren, da sie ja keine Erziehung genossen haben; diese Phase habe ich jedoch verpaßt, meine Spaghetti landeten immer im Mund – sind wir gute Menschen. Wer jetzt findet: »Mann, was hattet ihr Probleme!« und »Völlig uncool, wie ihr gesprochen habt!« – richtig. Heute reden nur die Werbemenschen und mancher Politiker noch so.

Nathalie Daiber: Leider verbrachte ich meine komplette Jugend, also die Zeit von elf bis 21, in den achtziger Jahren. Meine Achtziger-Jahre-Karriere als wohlerzogenes 68er Rebellionskind begann im ersten antiautoritäten Kindergarten in München. Weiter ging's in Frankfurt bei den Demos gegen die Startbahn West. Zwei Jahre war ich Funkenmariechen im Karnevalsverein, um meine Mutter zu ärgern (mit Erfolg). In Berlin war ich wieder voll auf Linie, studierte Politische Wissenschaft, war in der Antifa- und autonomen Szene. Aber es ist doch noch was aus mir geworden: Heute bin ich Reporterin bei der *Berliner Abendschau* (Regionalfernsehen SFB).

SPORT & SPiEL

MiR WiRD KALT DABEi

DDR-Sport

■ **Von Oliver Zelt**

Sören saß in der Schule vor mir. Ein schleimiger Typ, kein Frauenschwarm. Aber in der Sportstunde war er der King. Während ich gemäß Schulordnung in blaßblauer Turnhose mit zwei ausgefransten Streifen an der Seite und einem verwaschenen labbrig-gelben Hemd auflief, posierte Sören in Adidas. Dunkelblau und Sonnengelb.

Okay, die Leistung war entscheidend. Doch das war das nächste Handicap. Während Sören mit rutschfesten Dreistreifen-Schuhen die Stunde durchlief, mußte ich mit meinen tschechischen Botas-Schuhen beim Handball schon an der Mittellinie zum Bremsen ansetzen, um am Neunmeterkreis zum Stehen zu kommen. Dabei waren die Botas-Botten immerhin aus Leder und kein Vergleich zu den »3,50-Hallen-Adidas«, wie wir die blau-weißen VEB-Stoffturnschuhe nannten, die es in den Sporthäusern in Massen gab. Mir kam das Wort von der Mangelwirtschaft aus dem Westfernsehen in den Sinn.

Noch schlimmer war es beim Langstreckenlauf in der Halle. Meine Übersetzschritte – wie beim Eisschnellauf, damit ich nicht horizontal durch die Kurve segelte – ließen meine Gegner ständig davonlaufen. Und das mit Tretern des Klassenfeindes! Ich hatte die Nase gestrichen voll. Zumal mir mein Sportarzt erklärte, meine Senk- und Spreizfüße würden in meinen Schuhen noch platter. Kein Wunder, das Wort »Fußbett« gehörte wohl nicht zum Wortschatz der Botas-Bauer.

Meine materiell-technische Basis ließ zu wünschen übrig. Ich mußte meine Beziehungen nutzen. Da ich in der Schweriner *Spowa*, was soviel wie »Sportwarengeschäft« hieß, keine Verkäuferin kannte, die mir ein paar gute DDR-Germina-Schuhe zurücklegte, die ich dann heimlich unterm Tisch anprobieren konnte, mußte mein Opa ran. Der war beim Deutschen Turn- und Sportbund (DTSB). Gut, er war privilegiert, aber das war mir egal.

Opa war zwar immer noch sauer, daß ich meine Spitzensport-Karriere durch mangelnden Trainingsfleiß versaut hatte und nun kein Olympiasieger im Segeln wurde. Nachdem er mir aber erklärt hatte, es gebe doch überall sehr gute Sportschuhe, und dabei auf die mit Westschuhen gefüllten Regale in seinem DTSB-Lagerraum zeigte, besaß ich blaue Adidas mit silbernen Streifen. Die hatte ich bereits gesehen: Leistungssportler der Nationalmannschaft trugen sie.

Ich schlug zwei Fliegen mit einer Klappe. Erstens war ich jetzt wer mit den drei Streifen, und zweitens ging es meinen Füßen besser. Ich holte zum entscheidenden Schlag aus. Meine Oma bekam den Auftrag, mich auf ihrer nächsten Westreise Adidas-mäßig einzukleiden. Statt Blau-Gelb brachte sie zwar Rot-Weiß mit, aber ich war glücklich. Zudem gab es im *Exquisit* gerade weiße Basketball-Schuhe für satte 250 Mark. Für Basketball war ich noch viel zu klein, aber die mußte ich auch haben.

Erfolge feierte ich mit dem neuen Outfit nicht. In der Halle hatte sich mein Bremsweg verkürzt, Einlagen bekam ich trotzdem, und im 3000-Meter-Lauf war ich eh der Beste. Ganz im Gegenteil, ich ruinierte meine Gesundheit weiter. Weil ich die Laufschuhe zu jeder Sportart anzog, knickte ich beim Fußball um, und bei einem Handballspiel in einer der legendären Traglufthallen schubste mich mein Gegner bei einem Kreisanspiel gegen einen Eisenpfosten, so daß ich ein zehn Zentimer langes Loch im Kopf davontrug.

Da ich als Soldat für die *Armeesportvereinigung Vorwärts Dabel* spielte, waren mir wenigstens zehn Tage in einem zivilen Krankenhaus sicher. Was blieb mir? Die Erfolge anderer. Ich brauchte nur einen Fernseher, um zu sehen, wie mein Land, die DDR, regelmäßig die Bundis fertigmachte. In der Leichtathletik, im Schwimmen, im Radfahren, im Wintersport, nur im Fußball leider nicht. Wen störte es, daß 1980 in Moskau die Wessis wegblieben und vier Jahre später die sozialistischen Länder meinten »wie du mir, so ich dir«?

Also verglich ich die Leistungen bei den Sportfesten. Wir waren wieder besser. Und ich sagte mir, was waren denn meine bescheidenen Spartakiade-Erfolge gegen die große Sache des Kampfes der Systeme. Da zeigte sich doch – wie ich es im Staatsbürgerkundeunterricht gelernt hatte – die Überlegenheit des Sozialismus. Kirstin Otto holte 1988 in Seoul sechsmal Gold im Schwimmen, während der Kanadier Ben Johnson nur mit Doping-Pillen gewann und der Bundi-Zehnkämpfer Jürgen Hingsen nach drei Fehlstarts beim 100-Meter-Lauf ausschied. Ich war überzeugt, der Sport war die letzte Bastion der DDR.

Wie aus diesem grauen Land solch strahlende Körperkraft erwachsen konnte, war mir allerdings nicht klar. Es konnten doch nicht diese dämlichen Worte vom »Sendboten des Friedens« sein. Schon eher die an Gewichtheberinnen erinnernden Körper der Schwimmerinnen. Nein, es war etwas anderes. Es war die Knete. Für erste bis dritte Plätze bei Jahreshöhepunkten, wie es offiziell hieß, gab's für die DDR-Sportler 1000 Mark in Forum-Schecks, also 1000 Mark West. Weshalb aber mußte man die Friedensboten mit Westgeld ködern?

Ich versuchte, meine Spartakiade-Medaillen zu schmelzen – sinnlos. Selbst im Altstoffhandel bekam ich sie nicht los. »Nichts wert«, war die Antwort des Händlers. Ich war blutiger Amateur, die DDR-Sportler waren es schon lange nicht mehr.

Oliver Zelt (33), geboren in Schwerin, aufgewachsen in Schwerin, in den Achtzigern seßhaft in Schwerin, Berlin, Dabel und Leipzig. Er besitzt mittlerweile mehrere Paar rutschfester Turnschuhe mit Streifen, läuft nur noch gegen sich selbst und gewinnt immer.

GO FOR GOLD!
BRD-Sport

■ Von McWarbeck

Ich war 16, als das neue Sport-Zeitalter in Form einer kompletten Fußballausrüstung an mich herantrat. Ich spielte in der A-Jugend des *VFL Geesthacht* – okay, ich spielte nur, wenn genügend Stammspieler verletzt waren –, als erlaubt wurde, daß auch A-Jugendmannschaften Werbung auf ihrem Trikot tragen durften. Lachend verloren wir so schon 1982 unsere sportliche Unschuld, packten Stutzen, Hose, Hemd und hämmerten fortan für ein Restaurant namens *Forsthaus Grüner Jäger* wahlweise den Ball ins Tor oder unsere Stollen in die Waden der Gegner. Wir waren cool, waren Profis. Fast jedenfalls. Sport war Mord, und Fußball war Krieg. Klar, hier gab's ja auch die meiste Kohle.

Schon Anfang der Achtziger brüllte mein Vater regelmäßig bei Fußball-Übertragungen: »Beweg dich! Oder wofür kriegst du die halbe Million im Jahr?« Irgendwie müssen sie ihn auf dem Platz gehört haben. Knochenhart ging's da zu: Dem Friedensfreak und Müsli-Fußballer Ewald Lienen schlitzte ein Spieler dermaßen das Bein auf, daß man tiefe Einblicke in den Aufbau eines Beinmuskels erhielt. Dieter Hoeneß lief beim DFB-Pokal-Finale 1982 mit einem turbanartigen Verband auf dem Schädel herum, blutgetränkt, aber er mußte ja

Autogrammpostkarte von Paul Breitner

unbedingt noch *Bayern München* zum Sieg köpfen. Und die Moral von der Geschicht? Den Profi scheren Schmerzen nicht. Weder die eigenen noch die der Gegner.

Klar, daß wir diese Haltung in unserer Freizeit übernahmen: Immer feste druff, und wehe, du winselst! Ich knallte bei einem Fahrrad-Kunststück-Versuch auf die Gehwegplatten: Keine Träne rollte über meine immens geschwollene Oberlippe. Mein Freund schleuderte bei ersten BMX-Cross-Versuchen – damals noch ohne BMX-Rad – im Wald ordentlich gegen eine Kiefer. Die herzliche Umarmung brachte ihm einen Schlüsselbeinbruch ein, aber er fuhr weiter. Immer klarer distanzierten wir uns vom Schlaffi-Sport unserer Eltern. Trimm-dich-Pfade, Volksläufe oder Wandertage, das war etwas für Weicheier. Geld war damit auch nicht zu machen, oder hat irgend jemand schon mal eine Trimm-dich-Pfad-Übertragung im Fernsehen gesehen? Sport war Mord, und war die Wäsche noch so weiß.

Ja ja, der »weiße Sport«, was wäre der in Deutschland ohne die Achtziger? Nichts. Aber es gab ja Boris und Steffi. »Bumbum Becker« hechtrollte sich 1985 und 1986 zu Wimbledon-Siegen, »Nase Graf« wurde 1987 Nummer 1 im Damentennis. Aber Sport beiseite: Die beiden tragen Schuld an diversen Verbrechen. Erstens sind sie dafür verantwortlich, daß sich junge Menschen wie ich und meine Mitschüler von da an nur noch in schweißtreibenden Tennisschuhen fortbewegten, obwohl wir nie einen Filzball schlugen. Okay, das war nicht weiter wild, da wir achtziger Teens und Twens eh als »Generation Turnschuh« in die empörte Nase der Geschichte dampften. Zweitens aber sind Boris und Steffi schuld daran, daß wir extreme Minderwertigkeitskomplexe bekamen ob der Summen, die auf ihre Konten wanderten. Becker konnte sich 1988 praktisch hinlegen, 18 Millionen DM hatte er allein in diesem Jahr verdient. Und ich, kaum älter, bekam rund 300 DM Bafög! Schlimm, oder?

Aber es kommt noch dicker: Die beiden angeblichen Vorzeigeathleten müssen sich drittens dafür verantworten, daß Tausende von Kleinkindern von ihren geldgierigen Eltern zum Tennis gezwungen wurden. Tennis-Boom? Kindermord, sage ich! Mich interessierte Tennis einen Dreck, das spielten nur feine Pinkel.

Die Professionalisierung des Sports insgesamt aber wurde für mich als Schüler immer fataler: Warum sollte ich mich mit Mathe und anderem Mist herumquälen, um später mal popelige 2000 DM zu verdienen? Das leuchtete mir absolut nicht ein. Also schlaffte ich in der Schule ab, also nörgelten meine Eltern wegen der schlechten Zensuren – aber ich argumentierte: »Kein Problem, ich werde sowieso Fußballstar!« Ich begann in meine »neue Karriere« zu investieren, Gewichte stemmen in einer dieser neuen Bodybuilding-Buden, Fußballtaktik-Bücher studieren abends im Bett und ähnliches.

Sport war Mord, und der olympische Gedanke war das prominenteste Opfer. 1980 boykottierte der Westen die Olympischen Spiele in Moskau – logisch: Wie sollte man aus dem kommunistischen System Kapital schlagen? (Offiziell wurde als Grund der Einmarsch der Sowjets in Afghanistan genannt.) 1984 in Los Angeles war der Westen unter sich, und endlich wurde abgesahnt. Dumm war nur, daß die Rumänen praktisch und damit an Devisen dachten, teilnahmen und im Medaillenspiegel hinter den USA landeten. 1988 Seoul: Ach kommt, Leute, in Seoul gewann Steffi Graf, längst superreiche Professionelle, olympisches Gold – was soll denn daran olympisch sein? Sport war Mord.

Ich aber wollte leben. Die Grünen hatten mir mit der Forderung, den Leistungssport abzuschaffen, irgendwie die Augen geöffnet. Ich wurde ein friedfertiger Müsli, gab meine hoffnungsvolle (haha!) Fußballerkarriere auf, wurde *St. Pauli*-Fan – schlechtbezahlte, aber ehrliche Ballarbeiter – und widmete mich fürderhin dem Schach …

McWarbeck, gebürtiger Fischkopf, auch nach 33 Lebensjahren immer noch an den typischen Charaktereigenschaften der Norddeutschen-Tiefebene-Bewohner zu erkennen: wortkarg und brummelig. In den Achtzigern aus der Provinz ins halbierte Berlin ausgebrochen (danke, Achtziger!), dort aus der Theorie des Studiums (abgebrochen) in die Praxis des Journalismus aufgebrochen. Anfang der Neunziger Einstieg in den Jugendfunk: erst Radio 4U, dann FRITZ.

VICIOUS GAMES
Spiel(e)sucht

■ Von Henning Wächter

Sucht ist laut Lexikon ein »Zustand, der durch wiederholten Gebrauch von Drogen (Rauschgifte, Arzneimittelmißbrauch) oder Alkohol hervorgerufen werden kann«. Was mich betrifft, ist das sicherlich zu eng ausgelegt, denn wo bleibt da *U-Boot-Jagd* oder *Mastermind, Heimlich & Co.* oder *Pac-Man*? Alles eher kein Rauschgift, aber für mich als fleischgewordenen Gameboy trotzdem verdammt schwerer Stoff.

Ich bekenne: Die Achtziger waren für mich vor allem das Spiele-Jahrzehnt. Das hängt natürlich vorwiegend mit einem zusammen: »gewinnen« alias »naß« bzw. »fertigmachen«, »wegpusten«, »Lichter ausblasen« oder auch schlicht »heimschikken«. Das ging am allerschönsten bei *dem* Spiel schlechthin: *Risiko*. Wie, das gab's schon vorher? Und läuft immer noch? Na und? Doch nun erst mal zu den typischen Achtziger-Spielen.

Gleich zu Beginn des Jahrzehnts trat erstaunlicherweise ein Typ aus Ungarn auf den Plan. Ernoe Rubik wurde für mindestens ebenso schlau gehalten wie Einstein und Shakespeare zusammen, sah dementsprechend aus und durfte in jeder Fernsehshow an seiner Erfindung herumdrehen: dem Zauberwürfel, *Rubik's Cube* eben. Mit fatalen Folgen! Jeder, der in der Schulpause nicht als absolute Niete dastehen wollte, mußte sich Sehnenentzündungen in den Fingern holen. Zur Not, wie in meinem Fall, auch mit einem Plagiat: Mein Würfel hatte runde Aufkleber statt quadratischer, so daß ich mir auch gleich »Idiot« auf die Stirn hätte schreiben können.

Das Teil war allerdings so komplex, daß man schon froh sein konnte, eine Seite mit neun gleichfarbigen Elementen – beispielsweise in Grün – zu versehen. Außerdem Rot, Gelb, Blau, Weiß und Orange noch richtig hinzufummeln lag jenseits der Vorstellungskraft. Mit drei Ausnahmen:

- Man war Masochist: zu anstrengend!
- Man brach die einzelnen Stücke des Würfels vorsichtig heraus und steckte sie dann wieder zusammen: zuviel Schrott und deshalb zu teuer!
- Man besorgte sich die vom *Spiegel* in der Ausgabe 4/1981 dankenswerterweise veröffentlichte Lösungsanleitung (Überschrift: *Schrei Hurra! Schmeiß 'ne Runde*) und hämmerte sie sich ins Gedächtnis.

Letzteres verhalf mir durchaus zu einigen Achtungserfolgen. Immerhin besaß ich noch soviel Realitätssinn, die Beschränktheit des eigenen Beitrags zu erkennen. Mein Ehrgeiz verlagerte sich deshalb darauf, die Aufgabe auf Zeit zu lösen – und ich war ziemlich schnell, Bestzeit etwa 2:20 Minuten! Leichtsinnige Kreaturen, die trotzdem eine Wette mit mir eingingen, hatten üblicherweise ein »Mohrenkopf«-Brötchen zu entrichten (das durfte man damals gerade noch sagen).

Ernoe Rubik wollte in der Folgezeit weitere Forinth einstreichen, indem er ähnliche Gebilde nachschob: das Faß oder die Schlange. Das brachte aber nicht annähernd den gleichen Erfolg. Wobei mir einfällt: Warum gibt es bis heute nur eine Version von *Risiko*? Ihr wißt schon, dieses phantastische Spiel, bei dem man die anderen vom Brett fegen kann ... Keine Erweiterung, keine anderen Weltkarten, nichts! Zum Vergleich: Die Gestalter der *Siedler von Catan* kriegen das mit dem Verbraucher-Melken doch schließlich auch hin, selbst bei mir.

Womit ich beim Spieletrend der Achtziger schlechthin wäre: Es war der Durchbruch des Gesellschaftsspiels für den erwachsenen Menschen. Vorher als bloße Ruhigstellungstherapie entnervter Erziehungsberechtigter für ihre Blagen verschrien, wurden zusehends Angebote abseits von Skat und Schach akzeptiert. Gleichzeitig erhöhte sich auch das Angebot an Brettspielen erheblich. Glücklicherweise!

1979 wurde zum erstenmal ein »Spiel des Jahres« vergeben: das leider nach zwei Jahrzehnten von Ravensburger aus dem Sortiment genommene *Hase und Igel*. Ich fand es immer sehr amüsant, die Salat- und Karottenkarten geschickter als die Mitspieler (lies: Gegner) loszuwerden. Nach den in Vergessenheit geratenen *Rummikub*, *Focus* (damals noch ohne Fakten) und *Sagaland* folgte 1983 *Scotland Yard*. Und mal ehrlich: Kennt ihr jemand, der den mysteriösen Mr. X im Londoner Verkehrsnetz nicht gesucht hat? Falls ja, mein herzliches Beileid.

Zwar kein Spiel des Jahres, dafür aber ein Verkaufsschlager war der Zeitvertreib aus den USA, der 1984 auf dem deutschen Markt erschien. Hier kam es weniger auf Strategie als auf Wissen an – oder was drei betrunkene kanadische Journalisten bei der Entwicklung ihrer Idee für Wissen hielten. *Trivial Pursuit* hat seither so manchen Abend verdorben. Immer bekommen die anderen die Pipi-Fragen, ich dagegen nur unlösbare Schweinereien.

Der Ehrgeiz, nicht als allgemein Ungebildeter dazustehen, führte bei einem mir bekannten Jugendlichen (Hi, Andi!) dazu, daß er nach diversen letzten Plätzen Hunderte von Karten auswendig lernte. Wir brachen das Spiel dann schnell mit dem Hinweis ab, daß das wohl nicht Sinn der Sache sei – was alle so sahen, bis auf Andi: »Spinnt ihr, wofür hab ich dann eine Woche lang gelernt? Ihr könnt wohl nicht verlieren! Los jetzt, wir spielen weiter!« Ich ging übrigens bei *Trivial Pursuit* (im Gegensatz zu *Risiko* – das nur am Rande) ebenfalls eher selten als erster durchs Ziel. Fragen zu Erdkunde, Sport, Vergnügen und Unterhaltung konnte ich meistens problemlos beantworten; Geschichte, Wissenschaft und Technik nur mit einiger Mühe; Kunst und Literatur praktisch nie. Zu wenig Asterix- oder Disney-Fragen!

Einer gelungenen Werbung verdankt die amerikanische Firma Milton Bradley meine Aufmerksamkeit. In ihrem Spot stand ein kleiner Junge mit einem riesigen Schlegel vor einem noch viel riesigeren Gong (Typ China) und waltete seines Amtes, nachdem eine energische Stimme »MB präsentiert« angekündigt hatte. Boing!

Dann wurde irgendein Spiel von MB, na klar, präsentiert – und wenn man Glück hatte, kamen noch mal »MB präsentiert« und Boing! und ein zweites Spiel hinterher. Ich wüßte gerne, was der Junge heute treibt: Philharmoniker? Küchenchef? Baseball-Profi? Von den MB-Spielen liegen immer noch ein paar in meinem Schrank, darunter natürlich *Flottenmanöver* (das aufgemotzte Schiffe-Versenken) und *Vier Gewinnt.*

Einer gewann meistens bei Videospielen, nämlich ich. Aus einem einfachen Grund: 1982 besaß ich als erster die Atari-Konsole 2600, gekauft übrigens von meinem Konfirmationsgeld, mit *Pac-Man, Donkey Kong* und den hochchristlichen Baller-Spielen *Space Invaders, Asteroids* und *Phönix.* In der Folgezeit erfuhr die Zahl meiner Freunde einen erstaunlichen Schub. Nachmittageweise saßen wir im heimischen Wohnzimmer vor der Glotze und holten uns üble Blasen an den Fingern. Der Joystick hatte zwar massig Stick, aber verdammt wenig Joy: ein Quader mit einem reingesteckten Stab, den man brutal hin- und herreißen, und einem orangefarbenen Knopf, auf den man extrem einhacken mußte, damit so was wie ein Schuß kam. Trotzdem war ich für ein, zwei Jahre der Held, bis einer fiesen Firma namens Commodore einfiel, ihren C 64 auf den Markt zu werfen, und mit ihm sensationelle Spiele wie *Zehnkampf, Winter-Games* oder *Golf. Risiko* gab's übrigens noch nicht als Videospiel ...

Für Fantasy-Rollenspiele eignete sich der C 64 nun auch so gar nicht. Trotzdem kam ich Mitte der Achtziger zu dieser völlig neuen Dimension des Spielens, zunächst nach den Regeln des amerikanischen Originals *D&D (Dungeons & Dragons),* dann ziemlich schnell in der wesentlich ausgefeilteren Spielwelt *Midgard.* Wir trafen uns zu acht über Jahre hinweg jeden Freitag abend, aßen, tranken viel und hörten vor vier Uhr früh nicht auf. Tja, aber womit?

Das konnte man bemitleidenswerten Ahnungslosen fast nicht erklären, also wird's an dieser Stelle auch nicht leicht. Trotzdem ein Versuch: Wir spielten als Gruppe, wobei jeder in die Haut einer Figur schlüpfte und diese dann so agieren ließ, wie sie seiner Meinung nach agieren würde. Im Endeffekt spielte natürlich jeder sich selbst: Der Schisser war auch im Spiel kein Held, und die mit dem größten Maul konnten es auch in der Phantasie-Welt nicht halten; ich zog eher im Hintergrund die Fäden. Alles andere hatte der Spielleiter mit dem dominanten Namen »Master« in der Hand: die Rätsel, die Gegner und die sonstigen Ereignisse, auf die unsere Gruppe stieß. Das Ganze spielte in einer Welt, die man sich in etwa wie den *Herrn der Ringe* von Tolkien vorstellen kann. Das muß an dieser Stelle reichen.

Auf jeden Fall machte es einen Heidenspaß, übermächtige Gegner zu besiegen, Fallen und Geheimtüren zu entdecken oder sogar mal Völker von Tyrannen zu befreien. Moment, »befreien«, das ist sie, meine *Risiko*-Berechtigung! Für alle friedensbewegten Menschen – »du, ich komme mit dem Spielgedanken echt nicht klar« – wartete mein Lieblingsspiel nämlich 1983 mit der entscheidenden Veränderung auf: Kontinente waren nicht mehr zu »erobern«, sondern zu »befreien«. Geht doch!

Henning Wächter: Ich wurde geboren. Die Schule machte weniger Mühe als nötig. Ich ging nach Berlin. Dort verspottete man mich wegen meiner Herkunft, dabei gilt der Schwabe doch an sich als fleißig. Was ich schlimm finde: Die Kids sind heutzutage ohne bestimmte Marken-Klamotten völlig abgemeldet. Ich trug in den Achtzigern nur Marc O'Polo (uuahh!)

ITT
HOTEL
RANK XEROX
4138
624
3658
206

CHRONiK

WISSENSWERTES ÜBER ERLANGEN

■ **Zusammengestellt von Frauke Langguth**

1980

13. 2. – 24. 2. Olympische Winterspiele in Lake Placid/USA
19. 7. – 3. 8. Olympische Sommerspiele in Moskau, sie werden von den westlichen Ländern aus Protest gegen den Einmarsch der Roten Armee in Afghanistan boykottiert.
22. 9. Beginn des Golfkriegs zwischen Irak und Iran (1980–1988)
26. 9. Bombenattentat auf dem Oktoberfest durch den rechtsextremen Studenten Gundolf Köhler (13 Tote)
4. 11. Ronald Reagan wird Präsident der Vereinigten Staaten.
8. 12. John Lennon wird in New York erschossen.

Bestseller (Quelle: *Der Spiegel*)
J.R. Tolkien: *Der Herr der Ringe* (Belletristik)
Christiane F.: *Wir Kinder vom Bahnhof Zoo* (Sachbuch)

Hits (deutsche Single-Charts)
Lips Inc.: *Funkytown* (10 Wochen auf Platz 1)
Goombay Dance Band: *Sun of Jamaica* (9 Wochen)
Oliver Onions: *Santa Maria* (6 Wochen)

1981

30. 1. Der Jodie-Foster-Fan John W. Hinckley verübt ein Attentat auf den amerikanischen Präsidenten Ronald Reagan.
28. 2. Gewalttätige Auseinandersetzungen bei Demonstrationen gegen das Kernkraftwerk Brokdorf
13. 5. Attentat auf Papst Johannes Paul II. in Rom
30. 6. Start der ARD-Serie *Dallas*
29. 7. Prince Charles heiratet Diana Spencer.
1. 8. MTV startet sein Non-stop-Videoclip-Programm in den USA (1987 in Europa).

22. 9. Bei Straßenkämpfen nach der Räumung von besetzten Häusern in Berlin wird Klaus-Jürgen Rattay getötet.
Oktober: In der Hamburger Hafenstraße werden acht Häuser besetzt.
10. 10. In Bonn demonstrieren rund 300 000 Teilnehmer bei der bisher größten Friedensdemonstration in der Geschichte der BRD gegen den Nato-Doppelbeschluß (Motto: Für Abrüstung und Entspannung in Europa).
22. 11. Start der ZDF-Serie *Das Traumschiff*
11. 12. Bundeskanzler Schmidt besucht den DDR-Staatsratsvorsitzenden Erich Honecker am Werbellinsee.

Bestseller
Michael Ende: *Die unendliche Geschichte* (Belletristik)
Christiane F.: *Wir Kinder vom Bahnhof Zoo* (Sachbuch)

Hits
Electronica's: *Dance little Bird* (8 Wochen auf Platz 1)
Stars on 45: *Stars on 45* (7 Wochen)
Kim Carnes: *Bette Davis Eyes* (7 Wochen)
Frank Duval: *Angel of mine* (7 Wochen)

1982

25. 1. Der Ostberliner Pfarrer Rainer Eppelmann verfaßt den Appell »Frieden schaffen ohne Waffen«.
2. 4. Die Besetzung der Falkland-Inseln durch Argentinien löst den Falkland-Krieg mit England aus.
2. 4. Nicole (17) gewinnt als erste Deutsche mit *Ein bißchen Frieden* den Grand Prix d'Eurovision.
11. 7. Fußball-WM in Spanien (Finale Italien – BRD 3:1)
1. 10. Helmut Kohl wird Bundeskanzler.

Bestseller
Michael Ende: *Die unendliche Geschichte* (Belletristik)
Arnulf Baring: *Machtwechsel* (Sachbuch)

Hits
F.R. David: *Words* (11 Wochen auf Platz 1)
Gottlieb Wendehals: *Polonaise Blankenese* (9 Wochen)
Spider Murphy Gang: *Skandal im Sperrbezirk* (8 Wochen)

1983

6. 3. Vorgezogene Neuwahlen zum Deutschen Bundestag (Sieger: Helmut Kohl). Die Grünen sind zum erstenmal im Deutschen Bundestag vertreten (5,6 Prozent).
24. 4. Start der ZDF-Serie *Denver Clan*
25. 4. Der *Stern* veröffentlicht die (gefälschten) Hitler-Tagebücher.
24. 10. – 1. 11. US-Einmarsch in Grenada
10. 12. Nena kommt mit ihren *99 Luftballons* in die US-Charts.
15. 12. Das Bundesverfassungsgericht erklärt die geplante Volkszählung für verfassungswidrig.

Bestseller
Umberto Eco: *Der Name der Rose* (Belletristik)
Peter Scholl-Latour: *Allah ist mit den Standhaften* (Sachbuch)

Hits
Peter Schilling: *Major Tom* (8 Wochen auf Platz)
Culture Club: *Do you really want to hurt me* (7 Wochen)
Paul Young: *Come back and stay* (7 Wochen)

1984

1. 1. Beginn des Privatfernsehens in Deutschland – Sendestart von Sat 1 in Ludwigshafen
2. 1. Sendestart des Fernsehsenders RTL plus in Luxemburg
1. 2. Affäre um die angebliche Homosexualität des Vier-Sterne-Generals Günter Kießling. Er wird in den vorzeitigen Ruhestand versetzt und später rehabilitiert.
8. 2. – 19. 2. Olympische Winterspiele in Sarajevo/Jugoslawien: Katharina Witt holt Gold.
28. 7. – 12. 8. Olympische Sommerspiele in Los Angeles, sie werden vom Ostblock boykottiert.
22. 9. Helmut Kohl und François Mitterand Hand in Hand auf dem ehemaligen Schlachtfeld von Verdun
31. 10. Die indische Premierministerin Indira Gandhi wird ermordet.

Bestseller
Michael Ende: *Die unendliche Geschichte* (Belletristik)
Martin Langbein u.a.: *Bittere Pillen* (Sachbuch)

Hits

Nino de Angelo: *Jenseits von Eden* (7 Wochen auf Platz 1)
Laura Branigan: *Self Control* (6 Wochen)
Talk Talk: *Such a Shame* (6 Wochen)
Real Life: *Send me an Angel* (6 Wochen)

1985

11. 3. Michail Gorbatschow wird Generalsekretär der KPdSU.
5. 5. Ronald Reagan und Helmut Kohl besuchen den Soldatenfriedhof von Bitburg/Eifel, auf dem auch SS-Angehörige begraben sind.
29. 5. Fußballkrawalle im Brüsseler Heysel-Stadion beim Europapokalspiel *Juventus Turin – FC Liverpool* (38 Tote).
17. 7. Boris Becker (17) gewinnt als Jüngster das Tennisturnier von Wimbledon.
2. 10. Der Schauspieler Rock Hudson stirbt an Aids.
22. 10. Start der ARD-Serie *Schwarzwaldklinik* (Einschaltquoten bis zu 60 Prozent, 25 Millionen Zuschauer)
1. 12. Joschka Fischer wird erster grüner Minister (in Hessen, Ressort Umwelt).

Bestseller

Isabel Allende: *Das Geisterhaus* (Belletristik)
Douglas R. Hofstadter: *Gödel Escher Bach* (Sachbuch)

Hits

Opus: *Live is Life* (7 Wochen auf Platz 1)
Modern Talking: *You're my Heart, you're my Soul* (6 Wochen)
Paul Hardcastle: *19* (6 Wochen)

1986

28. 1. Die amerikanische Raumfähre Challenger explodiert kurz nach dem Start.
20. 2. Die sowjetische Raumfähre Mir wird ins All geschickt.
23. 2. Das erste *X-Mal!*-Konzert findet in Ostberlin statt (mit *Koma-Kino, WK 13* und Billy Bragg).
11. 4. Der Komet Halley nähert sich der Erde bis auf 63 Millionen Kilometer.
26. 4. Reaktorhavarie im Kernkraftwerk Tschernobyl
29. 6. Fußball-WM in Mexiko (Finale Argentinien – Deutschland 3:2)

7. 8. Melanie und Karola Weimar werden tot aufgefunden.
Dezember: Straßenschlachten um die Hamburger Hafenstraße
31. 12. Die ARD wiederholt die Neujahrsansprache von Kanzler Kohl vom Vorjahr.

Bestseller
Patrick Süskind: *Das Parfüm* (Belletristik)
Peter Scholl-Latour: *Mord am Großen Fluß* (Sachbuch)

Hits
Falco: *Jeanny, Part 1* (8 Wochen auf Platz 1)
Chris Norman: *Midnight Lady* (6 Wochen)
Level 42: *Lessons in Love* (6 Wochen)

1987

1. 5. Die ersten Straßenschlachten beim Revolutionären 1. Mai in Berlin-Kreuzberg
28. 5. Die Volkszählung von 1983 wird nachgeholt.
28. 5. Kremlflieger Mathias Rust landet in Moskau auf dem Roten Platz.
7. 6. DDR-Volkspolizisten gehen gegen 1000 Jugendliche vor, die vom Brandenburger Tor aus ein Konzert vor dem Reichstag verfolgen wollen (mit David Bowie, den *Eurythmics* und Bruce Hornsby).
7. 9. Erich Honecker zu Besuch in Bonn
11. 10. Der schleswig-holsteinische Ministerpräsident Uwe Barschel wird tot in einem Genfer Hotelzimmer aufgefunden.
2. 11. Zwei Polizisten werden bei Demonstrationen gegen die Startbahn West (Flughafen Frankfurt am Main) getötet.
25. 11. Stasi-Mitarbeiter durchsuchen die Räume der Umweltbibliothek der Ostberliner Zionskirche. Mehr als 20 Friedensaktivisten werden verhaftet.

Bestseller
Gabriel García Márquez: *Die Liebe in den Zeiten der Cholera* (Belletristik)
Robin Norwood: *Wenn Frauen zu sehr lieben* (Sachbuch)

Hits
Bee Gees: *You win again* (6 Wochen auf Platz 1)
Pet Shop Boys: *It's a Sin* (6 Wochen)
Desireless: *Voyage, voyage* (5 Wochen)
Madonna: *La Isla bonita* (5 Wochen)
Whitney Houston: *I wanna dance with somebody* (5 Wochen)

1988

17. 1. Nach einer Gedenkdemonstration für Karl Liebknecht und Rosa Luxemburg werden etliche DDR-Friedensaktivisten (unter anderem Stephan Krawczyk, Freya Klier, Bärbel Bohley) verhaftet und zum Teil später in den Westen abgeschoben.
13. 2. – 28. 2. Olympische Winterspiele in Calgary/Kanada
9. 4. Illegales Konzert der *Toten Hosen* in Ostberlin
2. 7. Steffi Graf (19) gewinnt zum erstenmal das Tennisturnier von Wimbledon.
16. 8. Das Geiseldrama von Gladbeck endet nach 54 Stunden mit einer Schießerei auf der Autobahn, bei der die Geisel Silke Bischoff getötet wird.
28. 8. Absturz von drei Frecce-Tricolori-Jets bei einer Flugschau in Ramstein (70 Tote)
17. 9. – 2. 10. Olympische Sommerspiele in Seoul/Südkorea. Ben Johnson wird nach seinem 100-Meter-Sieg des Dopings überführt und muß seine Goldmedaille zurückgeben.
3. 10. Tod von Franz Josef Strauß
20. 11. Die SED-Führung läßt die deutschsprachige Ausgabe der sowjetischen Zeitschrift *Sputnik* verbieten.
12. 12. Der *Spiegel* wählt Michail Gorbatschow zum Mann des Jahres.

Bestseller
Gabriel García Márquez: *Die Liebe in den Zeiten der Cholera* (Belletristik)
Michail Gorbatschow: *Perestroika* (Sachbuch)

Hits
Ofra Haza: *Im Nin'Alu* (8 Wochen auf Platz 1)
Milli Vanilli: *Girl you know it's true* (6 Wochen)
Pet Shop Boys: *Always on my Mind* (6 Wochen)

1989

Januar: Die »Initiative zur Demokratischen Erneuerung unserer Gesellschaft« verbreitet einen Aufruf für die »Demokratisierung unseres sozialistischen Staates« in der DDR.
Mitte Januar: Demonstrationen für Meinungsfreiheit in Leipzig
24. 3. Der Öltanker Exxon Valdez schlägt vor der kanadischen Küste leck.
15. 4. Katastrophe im Fußball-Stadion von Sheffield (95 Tote)
3. 6. Tod von Ayatollah Khomeni
4. 6. Erste freie Wahlen in Polen, Lech Walesa wird Staatspräsident.

4. 6. Massaker auf dem Platz des Himmlischen Friedens in Peking
10. 9. Ungarn öffnet seine Westgrenzen, mehr als 20 000 DDR-Bürger flüchten in den Westen.
1. 10. Außenminister Hans-Dietrich Genscher erklärt den Botschaftsbesetzern in Prag, daß sie ausreisen dürfen.
7. 10. Die DDR feiert ihren 40. Jahrestag.
16. 10. Montagsdemo in Leipzig mit rund 100 000 Teilnehmern
9. 11. Maueröffnung

Bestseller
Benoîte Groult: *Salz auf unserer Haut* (Belletristik)
Stephen Hawking: *Eine kurze Geschichte der Zeit* (Sachbuch)

Hits
Kaoma: *Lambada* (10 Wochen auf Platz 1)
Bobby McFerrin: *Don't worry, be happy* (10 Wochen)
Mysterious Art: *Das Omen (Teil 1)* (9 Wochen)

TOP TEN LiSTEN

■ **Zusammengestellt von Jan Weyrauch**

Erstellt nach einer nicht repräsentativen, alles andere als neutralen Befragung der FRITZ-Redaktion, samt anschließender wochenlanger, eisenhart ausgetragener Grabenkämpfe über die Reihenfolge der Plazierungen.

POSTER iN JUNGS-ZiMMERN

1 Samantha Fox
2 Nena
3 Karl Heinz Rummenigge
4 Kim Wilde
5 Betty Blue (Filmplakat in DIN-A0 mit Beatrice Dalle)
6 Bauarbeiten auf einem Hochhausgerüst im New York der Zwanziger (schwarz-weiß)
7 Jane Fonda im Aerobic-Look
8 Arnold Schwarzenegger im Conan-der-Barbar-Look
9 Sabrina
10 Grace Jones

POSTER iN MÄDCHEN-ZiMMERN

1 Limahl
2 Patrick Swayze
3 Ölverschmierter Mann mit Reifen unterm Arm (braun-weiß)
4 Paul Young
5 Nino de Angelo
6 Morten Harket (Sänger von AHA)
7 Pierrot-Clown mit Träne auf der Wange
8 Landschaft mit Weissagung der Cree »Erst wenn der letzte Baum gefällt ist …«
9 Muskulöser Männertorso mit nacktem Baby im Arm (schwarz-weiß)
10 Tommi Ohrner

FARBEN

1 Neon (-gelb, -orange, -grün)
2 Pastell (-gelb, -orange, -grün)
3 Pink
4 Mint
5 Türkis
6 Schwarz (besonders beliebt als Tapetenanstrich in besetzten Häusern)
7 Kirchentagslila
8 Marc O'P(r)olo-Bordeaux
9 Camel-Khaki
10 Jutesack-Braun

AUSREDEN FÜRS ZUSPÄTKOMMEN

1 Ich kam nicht aus Kreuzberg raus, die Bullen haben uns 30 Stunden lang eingekesselt.
2 Ich hab mein Skateboard nicht gefunden.
3 Meine Becquerel-Werte waren zu hoch.
4 Ich hab mich im Jojo verheddert.
5 Papis Auto ist in der Nacht angezündet worden (verwendbar nur am 2. Mai).
6 Hatte Bandsalat im Walkman.
7 Ich hab 'ne neue Band.
8 Ich mußte *Dallas* gucken.
9 Mein Haus wurde geräumt.
10 Ich hab Guinness getrunken.

SUPER-GAUS

1 Mutter hat die weißen Domestos-Jeans mit der roten Bettwäsche gewaschen.
2 Du hast dein PLO-Tuch beim Interrail verloren.
3 Du hast die Zahlenkombination für deinen Samsonite-Koffer vergessen.
4 Vati kauft einen Ford Granada.
5 Du hast deinen Zauberwürfel auseinandergenommen, um ihn richtig zusammenzusetzen, und dabei ein Teil verloren.
6 Du bist der einzige in deiner Klasse mit dem billigen orangefarbenen Fanta-Jojo »Super« statt dem teuren blauen »Champion«.
7 Alle in deiner Klasse haben einen VHS-Recorder, nur deine Eltern haben Video 2000 gekauft.

8 Mutter hat dir einen Flicken auf deine mühsam zerrissene Jeans gesetzt.
9 Du hast vergessen, das Wit-Boy-Schild von deiner neuen Hose abzumachen.
10 Nicole gewinnt den Grand Prix.

HASSFIGUREN

1 J. R. Ewing
2 Oberst Gaddhafi
3 Ronald Reagan
4 Kurt Felix & Paola
5 Franz Josef Strauß
6 Sascha Hehn
7 Maggi Thatcher
8 Dieter Bohlen
9 Thomas Anders
10 Nora

BÜCHER

1 Patrick Süskind: *Das Parfum*
2 Milan Kundera: *Die unerträgliche Leichtigkeit des Seins*
3 John Irving: *Hotel New Hampshire*
4 Umberto Eco: *Der Name der Rose*
5 Douglas Adams: *Per Anhalter durch die Galaxis*
6 Marion Zimmer-Bradley: *Die Nebel von Avalon*
7 Phillipe Djian: *Betty Blue*
8 Michael Ende: *Die unendliche Geschichte*
9 Günter Wallraff: *Ganz Unten*
10 Konrad Kujau: *Hitlers Tagebücher*

FERNSEHSERIEN

1 Dallas
2 Lindenstraße
3 Schwarzwaldklinik
4 Traumschiff
5 Magnum
6 Ein Colt für alle Fälle

7 Alf
8 Miami Vice
9 Manni der Libero
10 Denver Clan

WEISHEITEN

1 Petting statt Pershing
2 No Future
3 Haut die Popper platt wie Whopper
4 Stell dir vor, es wäre Krieg, und keiner geht hin.
5 Lieber Instandbesetzen als Kaputtbesitzen
6 Auf deutschem Boden darf nie wieder ein Joint ausgehen (aus der legendären SFB-Talkshow mit dem Comeback von Wolfgang Neuss).
7 Schwerter zu Pflugscharen
8 Wir gehen mit unserer Erde um, als hätten wir noch eine zweite im Kofferraum.
9 Ich bin nichts, ich kann nichts, gebt mir eine Uniform.
10 Atomkraft? Nein Danke – Bei mir kommt der Strom aus der Steckdose.

GETRÄNKE

1 Cherry Coke
2 Pepsi Coke (Ja, wir haben wirklich den Pepsi-Test gemacht, und außerdem ist Michael Jackson beim Werbeclip-Dreh fast verbrannt.)
3 Clausthaler (das erste alkoholfreie Bier)
4 Isostar
5 Kir Royal (Platz 1 der Getränke-Top-Ten der Yuppies)
6 Baccardi (wegen des Feeeeelings)
7 Glykol-Wein
8 Tequila Sunrise, auch als Filmplakat (Platz 2 der Getränke-Top-Ten der Yuppies)
9 Vanille-Tee
10 entfällt, Leitungswasser sollte man ja nach Tschernobyl nicht mehr trinken.

FILME

1 Police Academy (sämtliche Folgen von 1 bis 88)
2 Die blaue Lagune
3 Top Gun

4 Flashdance
5 La Boum
6 Ghost Busters
7 Dirty Dancing
8 Footloose
9 Koyanisquatsi (Platz 1 auf der Ey-laß-uns-da-mal-noch-drüber-reden-Film-Top-Ten)
10 9 ½ Wochen

COMPUTERSPIELE

1 Pac-Man
2 Space Invaders
3 Asteroids
4 Donkey Kong
5 Frogger
6 Tetris
7 Super Mario (ja, den gab's damals schon)
8 Wintergames / Summergames
9 Centipede
10 Pitfall

ENGTANZ-KNUTSCHSONGS

1 George Michael: *Careless Whisper*
2 Kool and the Gang: *Cherish*
3 Richard Sanderson: *Reality* (aus dem Soundtrack zu *La Boum*)
4 Bangles: *Eternal Flame*
5 Frankie goes to Hollywood: *The Power of Love* (hatte nichts mit dem Jennifer-Rush-Song zu tun)
6 Berlin: *Take my Breath away*
7 Cyndi Lauper: *True Colours*
8 Madonna: *Live to tell*
9 Chris de Burgh: *Lady in Red*
10 Jennifer Rush: *The Power of Love* (Um zu Jennifer Rush zu knutschen, mußte man allerdings selbst in den Achtzigern total ausgehungert, taub oder grenzdebil gewesen sein, am besten alles zusammen.)

Ullstein Buchverlage GmbH & Co. KG
Berlin
Taschenbuchnummer: 36214

Originalausgabe
Mai 1999

Ein Projekt der Edition diá, Berlin

Umschlaggestaltung: Tandem Design

Printed in Germany 1999
Lektorat: Kai Precht und Helmut Lotz, Berlin
Gestaltung und Satz: Rainer Zenz, Berlin
Lithos: Offset Repro Decker, Berlin
Druck: Clausen & Bosse, Leck

ISBN 3 548 36214 1

Gedruckt auf alterungsbeständigem
Papier mit chlorfrei gebleichtem Zellstoff

Bildnachweis:

Mathias Bothor, Hamburg: 77 · Ronald Galenza, Berlin: 60 · Frauke Langguth, Berlin: 112 oben
Ute Mahler/Ostkreuz, Berlin: 79 · Kai Precht, Berlin: 85 · Totenkopf, Düsseldorf: 40

BMG-Hansa/Benno Kraehahn: 49 · Compaq Pressefoto: 112 unten · Ford Pressefoto: 102
Opel Pressefoto: 107 · Philips Pressefoto: 98, 100 · Renault Pressefoto: 109
Ullstein Bilderdienst: 120; ADN-Zentralbild: 16, 62; amw Pressedienst: 121, 135; Wolfgang Bera: 162;
Ursula Bunk: 26; Rudolf Dietrich: 44 unten, 119 unten; dpa: 14, 15, 24; Gisela Funke: 44 Mitte;
Thomas Hirschbiegel: 116, 118; Kövesdi Presseagentur: 137; Gebhard Krewitt: 31; Franz Pankow: 20, 63;
Günter Peters: 13; Thomas Pflaum: 119 oben; Peter Rondholz: 12; Günter Schneider: 19, 22, 23, 115;
Sönke Tollkühn: 44 oben; Werek: 11; Wolfgang Wiese: 74
WDR, Köln (Lindenstraße): 30

Plattencover: 91: *Neumis Rock Circus* (Foto: Günter Gueffroy, Berlin; Gestaltung: Gerd Sadzinski,
Berlin) · 93: *Magdeburg* (Gestaltung: Karl Groß, Berlin) · 96: Cyndi Lauper: *She's so Unusual*
© 1983 Sony Music Entertainment Inc.; Spider Murphy Gang: *Dolce Vita* (Foto: Herman the German;
Gestaltung: Kochlowski GmbH, Köln); Specials: © 1979 Chrysalis Records Ltd.